양털 깎는 남자가 우주를 사라지게 한 이유는 없다

인문학 시인선 031

양털 깎는 남자가 우주를
사라지게 한 이유는 없다
박종덕 첫 시집

제1쇄 인쇄 2025. 3. 30
제1쇄 발행 2025. 4. 1

지은이 박종덕
펴낸이 민윤식
펴낸곳 인문학사

등록번호 제 2023-000035
서울시 종로구 종로19(종로1가) 르메이에르빌딩 A동 1430호
전화 : 02-742-5218

ISBN 979-11-93485-28-6 (03810)

ⓒ박종덕, 2025
Printed in Seoul, Korea

*잘못 만들어진 책은 본사나 구입하신 서점에서 교환하여 드립니다.
*이 책은 저작권법에 의해 보호받는 저작물이므로 저작자와
 출판사의 서면동의 없이는 무단 전재와 무단복제를 금합니다.

인문학 시인선 031

박종덕 첫 시집
양털 깎는 남자가 우주를 사라지게 한 이유는 없다

인문학사

시인의 말

천지는 아득한데 거기에 의식이 있다.
아름다워라, 하고 경탄하게 되는 그것은
안內과 밖外으로 어디에나 있으며
또한 통째 하나로 있다.
다만 그 결에 따라 둘로 나누었다.

의식이 세계이며 정보 그 자체임을 믿는다.
그리고 그것이 펼쳐 놓는 미美가
생생生生이며 사랑이고 궁극임을 믿는다.

여기 인人의 세계를 품으며
약동하는 천天과 지地의 비밀이어,
그것을 찾아 계속 의식의 길을 걸을 것이다.

희한하게 환한 날, 맺힌 눈물이 빛날 때
바로 탄생하는 언어 자신이자 우리와
첫 여정을 함께 하고 싶다.

                    2025년 봄꽃을 보면서
                    박종덕

```
c o n t e n t s
```

시인의 말 ——— 005

제1부 – 정경산시

강물 속 얼음새 ——— 012
그렇다 ——— 013
폭설은 축복처럼 ——— 014
생에 대하여 ——— 015
신 어산령 ——— 016
흔적 ——— 017
어머니 ——— 018
유정 ——— 019
눈 내리는 저녁에 ——— 020
돈오 ——— 021
깨지기 쉬운 ——— 022
나의 곰, 대디 ——— 024
남국의 파편 ——— 026
탈피 또는 붕괴 ——— 028
모두 사랑해 ——— 030
날아라, 날개를 펴고 ——— 032
막다른 골목이 울음을 참다 ——— 034
춤추는 래퍼 ——— 036
깨진 거울 ——— 038
영원한 가출 ——— 040
저마다 꽃 ——— 042
칩거 ——— 043
생일 축하해 ——— 044

가면을 쓴 배우 ─── 046
밤의 도시에서 ─── 048
성당 옆 느티나무 ─── 050
보람찬 정산 ─── 051
빛나는 하루 ─── 052
바퀴와 자격 ─── 054
욕망은 달팽이처럼 ─── 056
기계적 인간 ─── 058
외계인 ─── 060
월동 ─── 062
저녁노을 그리워 ─── 063
거울 속에서 ─── 064
역마살 ─── 066
귀천론 ─── 067
병동에서 ─── 068
12월의 늦은 저녁에 ─── 069
마지막 소원 ─── 070
귀천 ─── 071
정든 부음 ─── 072
지는 꽃잎 ─── 074
화장터에서 ─── 075
마음의 정체 ─── 076

제2부 – 경정산시

구름 풍경 소묘 ——— 078
신독 ——— 079
새들은 노래한다 ——— 080
추정 ——— 081
거미의 고백 ——— 082
푸른 산이 되는 길 ——— 084
매미의 행방 ——— 083
적선 ——— 086
모성 ——— 087
여름은 힘 ——— 088
그리워 ——— 090
정분 ——— 091
늙은 나무 ——— 092
강가에서 ——— 093
세계의 탄생 ——— 094
말의 운명 ——— 096
기다림의 언어학 ——— 098
당신을 만나는 순간 ——— 100
꽃을 보면 ——— 101
박제와 상징 ——— 102
양털 깎는 남자가 우주를 사라지게 한 이유는 없다 ——— 104
하늘을 읽으려는 밤의 순례자에게 ——— 106
시를 찾아서 ——— 108

사랑의 형상 ——— 109
궁궁을을 ——— 111
사라진 사자 ——— 113
낯익은 것들의 무덤 ——— 114
거울 세계 백서 ——— 116
부재 ——— 118
어긋난 길 ——— 120
안의 풍경 ——— 121
사람이 만든 사람에게 ——— 123
렌즈 너머를 보다 ——— 126
유튜브의 경고 ——— 129
시인의 운명 ——— 131
기억성형병원 ——— 132
물신의 유희 ——— 135
사이보그라도 괜찮아 1 ——— 136
사이보그라도 괜찮아 2 ——— 137
문명의 유혹 ——— 139
위대한 탈출 ——— 140
환생, 나무 ——— 143

평설

창조의 세계를 관통하는 의식과 시의 힘
박종덕시집〈양털 깎는 남자가 우주를 사라지게 한
이유는 없다〉이충재 ——— 145

제1부
정경산시 情景散詩

강물 속 얼음새

이렇게 눈발 거친 저녁날
돌바위 얼어붙은 이 산골짜기에서
나무들 침묵하는 저 깊은 산골로
강물처럼 굽이쳐 흐르는 흰 바람 떼, 거기
날갯짓도 없이 앞뒤로 날아가는
매서운 눈물 속 겨울새 한 쌍
누가 그 눈빛을 말할 수 있으랴
붉은 꽃 가슴에 숨기어 빛나는
차마 다가갈 수 없는 벼랑 끝
위태로운 나뭇가지 위의 영원
차라리 몸을 던져 떠나오리까
우리의 사랑도 그와 같거니와
만나고 헤어지는 일이라면야
한 줌의 재가 될 회한이려니
천년을 얼음새로 다시 만나는
아득하게 시린 그리움, 거기
정련된 시간의 단단한 열매를
흑갈색 부리로 힘 있게 쪼아
산정山頂 하늘집을 짓는다

그렇다

내가 오늘 죽는다면
지금까지의 사랑이 나의 전부

나를 아끼는 마음만큼
세상 모두를 사랑하였다면

폭설은 축복처럼

깊은 산속에
펑펑 흰 눈이 내려
액자 밖으로 넘쳐날 듯 쌓여 있습니다

액자가 걸려 있는 실내에는
세상의 가난을 껴안고 어루만져 온
은둔자가 살고 있습니다

겨울 산속에
폭설은 멈추지 않고
기어이 은둔자의 오두막을 덮고 맙니다

그의 사랑은
안팎으로 눈이 쌓여도 눈에 묻혀도
펄펄 뜨겁기만 합니다

오른손이 한 일을 왼손이 모르게 하여
새벽이 와도 축복처럼 눈은 그칠 줄 모르고
숨어 사는 마음은 저절로 숨겨집니다

성탄이 내일모레,
들뜬 골목마다 눈사람들 오고갑니다
저마다 꽃 한 송이씩 가슴에 숨기고

생生에 대하여

침묵과 침묵의 사이
짧은 밤 길고 긴 꿈의
시린 그리움 덩어리

꽃은 나비를 만나고
구름은 바람을 만나고
나는 그대를 만나고

신新 어산령*

마음 답답해 산에 오른 날
여기 청산처럼 절로절로
어지러운 심사 놓아두려고
눈물 젖은 사연 잊어 보려고
오르고 오르며 애를 썼지만
산그늘만 서럽게 밀려왔더라

꽃노래 부르며 내려가는 길
저기 하늘 아래 쉬엄쉬엄
노랫가락 가끔씩 발걸음 따라
노란 꽃 흰 꽃으로 번지는 것이었다
그 심사 어느새 노랗게 변해
그 사연 불현듯 희게 변하며

*옛 나무꾼이 산을 오르내리며 불렀던 아린 삶의 노래

흔적

무심코 지나간 후에
마음 속 깊은 곳
숨은 흔적으로 남은

아, 사랑이라고 부르리
잊혔던 눈물 속에
영원히 지울 수 없는

어머니

생전엔 미처 몰랐어요
당신의 웃음 뒤에
가린 눈물
바라보는 눈길의
아득한 깊이를

단 한 번만이라도
꼭 한 번만이라도
다시 만날 수 있다면

유정 有情

늦가을 들판의 풀벌레
숨어 우는 푸른 밤

자신의 남은 생^{生}을
이미 알고 있는 듯

눈 내리는 저녁에

느리게 느리게
세상을 구경하며
세상이 되어 가는
저 눈송이들

우리도 그와 같이
서로의 풍경이 되어
빛나는 슬픔이거나
순백의 기쁨이 되네

기대어 넉넉해지는
옛이야기처럼
스스로 깊어지는
시간 속에서

돈오 頓悟

앞뜰에 새 한 마리 놀러왔다

읽고 있는 책 한 페이지를 넘기자

놀고 있던 새 한 마리 날아갔다

다음 페이지에서 어린 아이는

불치의 병으로 세상을 뜬다

묘한 인연이다, 라고 생각하는 순간

낯선 빗방울이 후두둑 떨어졌다

오늘은 내가 태어난 날이다

깨지기 쉬운
-수상한 가족 1

아빠는 낑낑대며 파랑을 낳았다
어제부터 수상했다
낡은 밤이 잔뜩 웅크리고 울기 시작했기 때문이다

엄마는 새벽까지 최후의 만찬을 준비한다고 부산하다
세 개의 손으로 식칼의 뼈와 숲의 허파와 불의 혀를 섞어
거대하고 끈적한 검은 늪을 만들었다

나는 그 늪에 파랑을 던져버렸다
울며불며 처음 본 새들이 허겁지겁 달려온다
파랑의 이빨들이 출렁이며 솟구치는데

애써 외면하는 엄마는 뒤돌아서서
자신의 입보다 큰 웃음을 터뜨린다
그리고 이별의 노래를 부른다, 끝이 없이

아빠는 개미들만 사는 땅으로 이사를 가자고 한다
어디론가 일렬로 기어가는 것만으로도 그 땅에서는
익명의 거룩한 신에게 축복을 받는단다, 애야

서로 영영 어긋나지 않았으면 좋겠어

새들은 이미 억센 발톱을 버리고 달아났잖아
엄마, 끈을 놓치면 안 돼 흩어지지 말자

나는 뒤척이며 개미가 되는 꿈을 꾼다
어둠으로 가득 찬 계곡을 어서 건너가야지
깊은 잠에 빠지기 전에 은총의 종소리는 들릴 거야

밤을 달래며 나는 오늘도 피곤하다
지친 마음이 길게 늘어지며 뚝뚝 떨어진다
나의 파란 그림이 백지로 변하는 순간이다

나의 곰, 대디
수상한 가족 2

어느 날 불쑥 나타나 두 손을 내민
사랑하는 나의 곰, 대디
엄마의 얼굴은 뭉개진 크레파스 자국 같았어

부드러운 바람결처럼 나를 안아 줘
주인 말에 순순히 무릎을 꿇는 낙타처럼
흔들리는 나의 불안을 등에 태워 줘
노란 초승달 뜨는 밤이 오면
감추었던 날카로운 발톱은 벼랑 아래로 던져버려
떨어져 하얀 꽃잎으로 변할 테니까

이렇게 간절히 주문을 외웠어 백 번이나 울었어
이빨 드러낸 악어의 시계 소리가 점점 가까워질 때까지
그 소리 벽을 허물고 마침내 나의 심장을 찢을 때까지

실눈 뜬 밤을 끌어와 살며시 덮어 주며
대디가 불러 주었던 사탕 같은 노래는
기어이 억센 파도처럼 밀려와 바위를 때리고

엄마, 숨어 있지 마 너무 멀리 도망가지 마
아침 햇살이 날개를 펴고 처음 본 빛깔로 감쌀 테니까

그러면 상처 입고 쓰러진 시간들을 씻고 또 씻어요
돌아오는 길을 잃으면 안 돼 걱정하지 마
그동안 흘렸던 눈물로 깊은 강물을 만들 거야
참회의 피를 흘리지 않으면 넘어올 수 없는 절망을

어느 날 어둠 속에서 말없이 모습을 감춘
사랑해야 하는 나의 곰, 대디
엄마는 알 수 없는 표정으로 마지막 흐린 가슴을 보였어

남국南國의 파편
-수상한 가족 3

  엄마가 하는 말은 미끄러진다 자꾸 부서진다 입안 가득히 살고 있는 정체불명의 새들과 도마뱀들의 목소리가 한눈을 팔면 어김없이 기어나온다 마음 속의 나침판이 고장난 것이다

  나는 악성 코드에 감염된 듯하다 언제부터인지는 모르겠다 병든 마음은 안에서부터 무너지므로 밖으로 도망치려고 발버둥을 쳤으나 항상 제자리에 있다

  아빠는 스팸 메일이 쌓여 움직일 수 없다고 매일 불평을 한다 집안으로 들어오지 않고 밖에서만 맴돈다 무엇이 잘못되었는지 좀비가 되었다는 소문이 동네에 돌았다

  엄마는 용감한 사냥꾼이 되기로 한다 아주 열심히 밀림을 누비지만 사냥감을 사로잡을 방법을 몰라 울음이 터지기 직전이다 남국의 눈부신 무늬들을 던져 버리세요 나는 울며 엄마의 어깨를 잡고 흔들었다 그리고 어설픈 잠이 들어 버리기 일쑤였다

  어느 날 우리 가족은 모두 밀림으로 놀러가기로 했

다 그곳에서 숨은 짐승들의 까만 눈동자가 모두의 가슴에 보석처럼 박힌다 신기하였다 감쪽같이 악성 스팸들이 삭제 되었다

 이제 집안은 새들과 도마뱀들의 천국이 되었다 엄마는 나침판을 버렸고 굳이 사냥할 필요도 없어졌다 귀에 익은 노래 소리가 새로운 울타리가 되었다

 잠결에 단비가 온다

탈피 또는 붕괴
-수상한 가족 4

 며칠 전부터 벽에 금이 가기 시작했다 동네 사람들이 벌레처럼 기어 나와 모르는 말로 수근거렸고 바람이 불자 말들은 또 무수한 말들을 낳았다

 그 말들이 벽의 틈으로 꾸역꾸역 침입하였다 불안한 가문의 전통이 흔들리며 쓰러지지 않으려고 안간힘을 쓰는 동안 음모가 들끓고 분쟁이 격화되었다

 나는 집을 부숴 버렸다 이것이 나의 결론이다 그럴듯한 평화론자인 아빠는 허둥지둥 정신을 못 차렸다 뿌연 먼지가 눈 앞을 가리자 강고한 사상이 사라졌다

 할아버지가 튀어 나오고 할아버지의 할아버지들까지 보였다 할머니는 할머니의 할머니들과 함께 떠나가며 말했다 애야, 이제야 저 언덕을 넘을 수가 있겠구나 언제나 뒤편에서 숨죽이던 엄마가 내 손을 잡았다 얼굴에 먹구름이 걷히고 눈부신 햇살이 쏟아졌다

 모두에게 무심하게 시간이 지나가면서 이제까지의 풍경이 철 지난 흑백 사진처럼 변하고, 나는 가까스로 그것을 찢고 나온다

아빠는 아직도 그곳에 혼자 갇혀 있다 이제는 집이 필요 없어요 대화가 필요해요 아빠는 오히려 높게 성벽을 쌓고 깃발을 올렸다 누구도 침범할 수 없는 그 성 안에서 말없는 고목이 되어 오래된 껍질을 떨구고 있었다

모두 사랑해
-수상한 가족 5

나는 하늘로 날아오른다
몸이 둥둥 떠오를 때
숨을 참는다 아니, 숨을 쉴 수가 없다

지상이 수평을 잃고 마음대로 흔들린다
잔뜩 울상인 아빠가 손짓을 하며 뭐라고 소리쳤다
그러나 아무도 듣지 못한다

어둠으로 가득 찬 나의 머리 속에서
쉭쉭 몸서리를 치면서
사악한 눈빛의 검은 뱀 두 마리가 섞여 똬리를 튼다
나는 아무 말도 할 수가 없었다
엄마를 찾으며 속으로 울었다 견딜 수 없이 뜨거웠다
뱀 한 마리가 한쪽 귀에서 꿈틀거리며 빠져나온다

어디에 있어요 깃발을 흔들어 주세요
죽음을 물리칠 수 있는 색깔의 깃발을
어둠의 흔적이 없는 희고 명랑한 냄새를

엄마의 등에서 흰 꽃들이 일제히 입을 벌린다
아빠가 거기로 재빠르게 숨어든다, 흑흑흑

좁은 틈새로 참았던 울음이 흘러나온다
참다못해 나는 손을 뻗어 구원의 표시를 한다
손을 흔드는 것이 무엇을 말하는지
아마 아빠는 알고 있는 것 같다

공중에서 집으로 가는 법을 잊어버렸다
엄마의 냄새가 너무 멀리 떨어져 있었는지
어느새 길었던 하루가 노을에 묻힌다

날아라, 날개를 펴고
-수상한 가족 6

오늘도 돌아서 학교를 간다
나에게는 나만의 길이 있다

할머니의 쭈그러든 손을 벗어나
누구도 모르는 비밀의 집을 나와
괜히 부끄러운 담벼락의 그늘을 지나면
아파트 단지에서 쏟아져 나오는 친구들
그들을 피해 나는 돌아서 간다

싫다, 얼굴이 잊혀지는 엄마가 보고 싶어
싫다, 땅거미 져도 오지 않을 아빠를 기다리는 것도

꽃과 별들의 살아온 이야기나
이상한 나라로 탐험하는 이야기는
귓전에서 멈추어 제자리를 맴돌 뿐
숨겨야 할 어둠은 왜 이렇게 많은지
수업시간 내내 머리 속을 채운다

결국 집으로 돌아오며 얻은 해답은
내 스스로 나에게 상처를 내고 있다는 것

학교 운동장에 홀로 선, 느티나무가 답을 주었다

어느새 단단하게 옹이가 박힌 나는
서녘 햇살에 키가 커 버린 내 그림자에서
황금빛 날개가 돋기 시작한 것을 보았다.

막다른 골목이 울음을 참다
―저마다 꽃 1

오늘도 창밖을 내다본다
길은 구부러져 말이 없는데
할 수 없이 또 할 수 없이
어제의 불안을 딛고 서서
내일의 안부를 물어본다

용접이나 할까 나물을 캘까
갈 곳 없는 바람이 되었다가
그의 하찮은 친구가 되었다가
저 넓은 허공에 꾸역꾸역
흰 꽃을 피웠다가 지워 본다

길고 긴 여행 끝에
이곳에 당도하여 닻을 내리고
스스로를 가두는 햇빛의 형극^{荊棘},
보잘것없는 누군가가
모퉁이에 웅크리고 앉아 있다

길은 꿈을 꾸고 있는 것일까
또 한 사람 귀와 눈을 막고
중얼거리며 지나가고 있다

떠오르는 것은 어릴 적의 장난
꿈같이 사라졌던 빛나는 꽃들

이런저런 생각의 덩굴이
담장을 타고 무성하게 번질 때
번져 더이상 버티지 못할 때
납덩이 속에 갇힌 대낮
막다른 골목이 울음을 참다

춤추는 래퍼
-저마다 꽃 2

못다 한 마음을 허공에 뿌리며
뛰고 구르고 달려가는 너의 말 속에
숨겨져 있는 불안한 구석
감출 수 없는 어두운 그림자

춤을 추며 너는 이렇게 노랠 불렀어

 어제는 울었지 캄캄한 골목에서, 너의 마음이 안 보이는 거야, 아무리 애를 써도 혼자 남게 돼, 너에게 난 무엇인지, 오랜 시간을 맴돌면서 찾아 헤매었어
 그냥 순간에 머물고 싶어 머물고 싶어, 너는 내 마음 몰라도 돼, 이제 눈물은 흘리지 않을 거야, 멀리서 너만을 바라볼 거야, 그것으로 충분해 네가 행복하다면

네가 혼신으로 추는 몸짓은
네가 토해 내는 뜨거운 노래는
허공에서 뛰고 구르고 달려가는 말들은
그러나 눈부신 햇살로 변하는 걸

춤을 보며 나는 이렇게 노랠 들었어

무엇이든 버려 더 높이 날기 위해, 꿈꾸듯 마음대로 말해 봐 괜찮아, 세상은 나의 것 아무도 뭐라 안 해, 사랑은 불안에서 시작하잖아

  할 수 없는 것은 할 수 있는 것, 내 앞의 벽은 모두 가짜야, 진짜는 가슴 속에 숨쉬고 있지, 눈물 속에 빛나는 보석 같이

  수피 댄스*처럼 돌고 돌며
  하늘을 나는 춤추는 래퍼
  더 높이 날기 위해 무엇이든 버려
  말해 봐 괜찮아 꿈꾸듯 마음대로

  *한 자리에서 빙빙 돌며 무아지경에 이르는 중동지역의 전통 춤

깨진 거울
-저마다 꽃 3

그는 언제나 혼자였다

불안한 전망의 하루는 멈추어 움직일 줄 모른다
무심한 시간이 두려운 것이다
귓속에는 파도에 모래알 씻기는 소리
온종일 가득하다

누구에게나 빛나던 학창 시절이 있었지
순결한 풀잎처럼 스치는 바람에도 부끄러웠지
그날 그 일이 일어나기 전까지는
완강한 얼굴로 돌변한 그들이
욕망의 탑을 쌓는 놀이를 하기 전까지는

제발,이라는 말 한 마디가 목구멍에 걸려 쓰러질 때
해와 달과 별을 비추었던 그의 거울은 깨져 버렸다

눈동자에는 그들이 숨어 있다
무슨 음모를 꾸미는 듯
등을 보이며 부산하게 모여 있다
그는 울음을 참느라 애를 쓴다
입을 다물고 말할 수 없는 세월이 지나

상처의 흔적조차 희미해져도
깨진 거울을 버리지 못하는 그는
거울 속의 그 자신을 용서하지 못한다
그들이 그에게 용서를 빌어도

영원한 가출
-저마다 꽃 4

한때 그녀는 스스로를 가두었다
그녀의 방은 천국보다 안락한 감옥이었다
창문 닫힌 그곳은 무인도처럼 고요했으며
사방의 벽에는 담쟁이덩굴이 자라나서
천장까지 덮으며 그녀를 어둡게 감쌌다

방 안의 시간은 갈수록 온몸이 굳어
더 이상 제 스스로 움직이지 못하고
그럴수록 그녀의 사념은 날개를 달고
시간 밖으로 어지럽게 날아다닌다
그러면서 보인다, 저절로 떠오른다
지난날 그녀를 낭떠러지로 몰고 갔던 일들이

그녀는 무참하게 짓밟혀 내동댕이쳐졌다
따뜻한 손길처럼 위장됐던 검은 유령 앞에서
속수무책이었던 여린 꽃이파리
난폭했던 바람은 비밀처럼 사라지고
그리고 본다, 그저 바라만 본다
그녀에게 오지 않을 것만 같은 꿈같은 날들을

문득 처음으로 만나는 투명한 빛, 낯설었다

가볍게 몸은 둥둥 떠오르며 따뜻해지고
머리 속에서 무수한 별들이 팝콘처럼 튀어나왔다
세상에 온통 가득해진 흰 꽃들의 내음
가슴 속 깊은 상처까지도 끝내 아름다웠다
담쟁이덩굴 너머 그리운 곳으로 가고 싶어

이제 그녀는 집을 나온다
마지막으로 용기를 내보기로 한다
있는 힘을 다해 더 멀리 끝까지 가기로 한다
그것이 자신을 구원하지 않더라도
창문 닫힌 방이 자신을 영영 버릴지라도

저마다 꽃*
-저마다 꽃 5

산에는 들에는 꽃이 피네
저마다 스스로 꽃 피우네
누군가 쳐다보지 않더라도
그냥 그렇게 꽃을 피우네

바람이 세차도 억수비 내려도
먼저 피면 먼저 피는 대로
나중에 피면 나중에 피는 대로
산에는 들에는 꽃이 피네

뒤돌아 눈물 흘리는 사람아
아직 꽃 피우지 못한 사람아
누구를 위하여 꽃 기다리며
비깥을 서성이는 어두운 사람아

산에는 들에는 저마다 꽃
자기가 만드는 자기의 꽃
언젠가 한 번은 꽃 필거야
아무도 없는 산에서 들에서

* 김소월 시인의 시 '산유화'의 상율(象律)을 변용함

칩거
-저마다 꽃 6

마음 속에 들어앉아
나오지 않는 사람
아득한 시공 안에서
자신을 잊은 사람

그대는 가장 가난한 자
그래서 가장 행복한 자
종일 홀로 있음이여

생일 축하해
-저마다 꽃 7

생일을 축하해
하얀 케이크 위에 빛나는 스무 개의 촛불
숨을 들이켜 훅, 불었을 때
사실은 네가 아니라 시간이 탄생한 거야
처음 우주가 폭발하여 생겨났듯이

너의 어머니는 벌의 날갯짓
신神의 눈을 피해
깊은 골짜기로 숨어 들어가면 만날 수 있지
그러나 그럴 필요는 없어
너의 유전자 속에 지문처럼 남아 있으니까

어린 짐승처럼 살았던 열아홉 해
꽃과 별 같은 바깥의 것들에 시선을 빼앗겨
그것이 너인 양 착각하고 있었지
물에 비친 모습에 넋을 잃었던 거야
그럼, 시간의 모습을 살펴볼까

이제 죽은 언어의 시대는 가버렸어
무엇이라고 규정하지 말고 안을 바라만 봐
마귀가 뻗친 달콤한 촉수를 뿌리치고

암흑 속 깊은 강물을 무사히 건너면
문득 만나는 너를 바라보는 투명한 너

방금 너는 너의 시간을 가졌어
투명한 날갯짓이 만들어낸 떨리는 가슴으로
너의 그림자를 네가 만들어 봐
생일을 축하해
너의 어머니가 그랬듯이 네가 만난 낯선 세상을

가면을 쓴 배우
-짐 진 자들의 노래 1

무대에 조명이 들어오고
노련한 배우는 가면을 쓴 개가 되었다

그의 연기 노트에는 적혀 있다
대대로 내려온 가문의 전통대로 주인만을 섬기며 사냥 같은 혁명은 꾀하지 않는다 꼬리로 말을 하되 눈물은 마음 속으로만 흘리고 복종의 덕목을 목숨처럼 여긴다

하루 종일 따르는 법을 배웠기에
그의 연기력은 탁월하였으며
객석은 긴장한 침묵으로 가득 찼다

그는 주인의 명령에 머리를 조아리며 반 평의 집에 엎혀사는 안락함과 달콤한 간식이 주는 행복에 점점 눈과 코와 귀를 잃어 갔다

그의 입안이 복종으로 충만할수록
조명은 점점 밝아지고
관객의 입안은 메말라 간다

자꾸 답답해요 숨이 막혀요 불안이 밀려와 복종의 대가도 위안이 되지 못할 때 위장된 시간은 무너져 내렸다 무엇이 두려운가 무엇을 갈망하는가 보이지 않는 사슬을 풀어 버리고 혁명의 무리를 찾아 나서자 밤하늘 별을 향해 컹컹 소리를 질러 태고의 숲에 잠든 꿈을 깨운다

그는 빛나던 가면을 벗는다 자유로운 바람이 된다

그의 연기가 완성되는 순간
무대의 조명은 꺼지고
관객들은 서로의 가면을 쳐다보았다
나의 주인은 누구인가
낯설게 웅성거리면서
서둘러 자리를 뜨면서

밤의 도시에서
-짐 진 자들의 노래 2

밤의 도시는 화려하게 치장을 했다
번쩍이는 네온사인은 어둠을 감추고 현란한 소음이 거리로 기어 나온다

불빛이 흔들리고 문이 열리면
찌든 술 냄새가 안개처럼 자욱하고 정체 모를 한숨과 까닭 없는 웃음들
자리마다 지루하게 처박혀 있다

누군가 무대에 올라 노래를 부른다
드럼과 기타 소리가 섞여 퍼지며 가까스로 불협화음을 잡아 나가는 동안
울긋불긋한 조명이 어지럽게 회전한다

분위기와 전혀 어울리지 못하며 비틀거리고 춤을 추는 몇몇 사람들
우울과 손을 잡고 그저 맴돌 뿐
술집 구석은 절망으로 몸을 움추린다

무리 속에 팔뚝의 문신이 돋보이는 한 남자
자신보다 커다란 울음을 짊어지고 담배 연기를 몸

깊숙히 들이키며 연신 술잔 속의 독한 슬픔을 비운다

　이곳을 떠나면 죽을 것 같아 여기가 나의 천국이야
　그렇게 혼잣말하는 그의 어깨를 툭, 건드려 본다
　흠칫 뒤돌아보는 그의 얼굴은 바로 나

　주위에서 갑자기 깔깔대며 웃는데
　욕망의 질긴 중독이 검은 덩굴로 자라나 술집을
옥죄며 모두를 가둬 버린다

　도시는 불면의 눈을 감을 줄 몰랐다

성당 옆 느티나무
-짐 진 자들의 노래 3

먼 산 노을에 조금씩 흐려지고
새 무리들 서둘러 돌아올 무렵
마을의 창들은 하나 둘 불을 켜고
성당의 뒤뜰은 더욱 더 깊어졌다

오늘은 납덩이 가득한 절망이 왔다
어찌하나 하염없이 넘치는 눈물
투명해지고 또 투명해질 때까지
나의 발목을 적시고 곁에 잠든 이

어두운 비밀은 누구에게나 있을까
나처럼 굳은 옹이 박혀 있을까
시간은 나이테를 만들고 떠나갈 뿐
여린 바람에도 서걱이는 낙엽같이
고이 접어 두기 어려운 마음일랑
풀어 버리고 잠들거라 잠들거라

성당 옆 오래 된 느티나무 한 그루
저녁이 오면 귀가 커지는 나무 한 그루
내일은 어떤 아픈 상처 오려는가
누군가 누군가 머물러 서성이려니

보람찬 정산
-짐 진 자들의 노래 4

 화장실 청소 알바로 하루를 연다 오, 나의 천국, 개미처럼 움직여 땀에 젖은 삼만 원을 손에 쥐고 허둥지둥 만 원짜리 순두부찌개를 삼킨다 시간은 황금, 서둘러 분식집을 드나들며 오토바이를 몰아 여섯 번의 배달을 마치니 겨우 만팔천 원뿐 왜 이렇게 허기질까, 큰맘 먹고 삼겹살 한 근과 상추를 이만 원에 사 들고 집으로 와 밥 두 공기를 후딱 비운다 저녁은 마지막 주어진 기회, 두 콜을 잡아서 영등포로 종로로 대리운전을 돌고 나니 수수료를 떼고 기다리는 삼만이천 원 그렇지, 잠깐의 위로가 필요해, 편의점 커피와 담배 한 갑으로 칠천오백 원을 지불하고 집으로 돌아오는 길 별빛 총총 애들아, 어디 있니, 밤 깊어 눈 비비고 나오는 두 천사야, 크레파스와 자습서 사라고 사만이천 원을 쥐어 주고 온종일 방안에 누워 계신 노친의 머리맡에 슬머시 약값 만오천 원을 내려 놓는다

 방구석 티브이 소리는 허공을 맴돌고
 일하러 나간 아내는 아직 돌아오지 않고

 홀로 누워 오늘의 값어치를 되새겨 본다
 내일은 조금 덜 먹어야지, 다짐하면서
 꿈속에서 일하며 만 오천 원을 가불한다

빛나는 하루
-짐 진 자들의 노래 5

문틈 사이로 대낮에
총성이 울렸다, 지금
죽을 자와 죽지 않을 자의
대결이 한창이다

현상금이 올라갈수록
죽을 자가 죽지 않을수록
휴식의 값어치는 올라간다
즐거운 긴장을 즐기는 휴일

드디어 왁자지껄 소란스러운 가운데
마을 사람들이 죽은 자의 관을 메고
화면을 뚫고 거실로 나온다
순간, 붉은 꽃들이 관 위로 뿌려지고
소파는 피로 흥건하게 젖는다

경쾌하게 장송곡이 울려 퍼지는
오후의 휴식은 가볍기만 하고
결국 가벼워 날아가 버리며
긴 그림자를 유산처럼 남긴다

오늘은 가장 빛났지만 가장 어두운 하루
휴일이 끝나면 나는
아까의 화면 속으로 들어가
내일부터 또 다른 대결을 펼칠 것이다

그것이 언제 끝날지는 아무도 모른다

바퀴와 자격
-짐 진 자들의 노래 6

세상은 바퀴를 달고 굴러간다
언덕길을 오르다가 가파르게 내려가는 비탈길
지나가는 풍경이 불확실한 기울기로 빠르게 지나간다
나는 한없이 멀미를 하고
발목은 행방이 묘연한 채 오늘을 장식한다

풍경을 만들고 버리는 길 위의 세상
그 속도에 맞추어 똑똑한 노예가 되어가는 사람들
지나간 풍경을 붙잡고 뒤쳐져 늘 후회하는 사람들
그들에게 풍경은 우상이고 경쟁은 평생의 의무

한 줌의 전망도 없이 쓰러진 나는
그들 사이에서 더 이상 버텨야 할 이유가 사라졌다
나는 자격이 없기 때문이다
바퀴의 속도를 감당할 수 없기 때문이다

답답한 마음이 갈 곳을 잃어
길을 빠져나와 저녁 들판으로 간다
거기 눈물처럼 번지는 장엄한 서편 노을
바퀴도 없고 자격도 필요 없는 길 밖의 세상

나는 스스로 바퀴를 만든다
길 위의 속도와 무관하게 나의 속도로 굴린다
그곳의 풍경은 나와 어울리고 그것이 나의 자격이 된다
내일도 나는 바퀴를 굴릴 것이다
그 자격이 가난의 일부가 되더라도
들판이 전해 준 황금 비밀을 가슴에 안고

욕망은 달팽이처럼
-짐 진 자들의 노래 7

언제부턴가 집을 먹는 꿈을 자주 꾼다
집이 나를 먹는 꿈이라고 해도 좋다

집을 소유하려는 욕망이 커질수록
너는 점점 더 부풀어 오르고
그러면 나는 조금씩 너를 갉아먹는 것이다

반대의 경우도 있다
집을 향한 욕망을 잠재울수록
너는 화려한 가면을 쓰고 내 안에 들어와 둥지를 튼다
그리고 조금씩 나를 갉아먹는 것이다

네가 나를 먹거나 내가 너를 먹어야 한다

오늘은 이사하는 날이다
살던 집을 비우고 이사하는데 하루 종일 걸렸다

달팽이처럼 너를 끌고 다닐 수 밖에 없는 숙명이
언제까지 계속될지 궁금하지만
오히려 꿈꾸지 않는 삶이 더 좋겠다고
불현듯 생각이 든다

집이 없다는 것은 다시 생각해 보면

쓸쓸하지만은 않은 일이다

집 없이도 빛나는 청천靑天의 별들처럼

기계적 인간
-짐 진 자들의 노래 8

나는 한평생을 이 기계와 함께 살아왔어
처음에는 모든 것이 낯설어서
버튼 하나 누르는데도 손끝이 떨렸지
그는 숫자로만 이루어진 냉정한 하느님
그가 말없이 지배하는 세계에는
둥근 햇살도 반짝이는 별빛도 없지만
나는 그 캄캄한 세계로 숨어들기로 했지

오직 목표를 향해 끊임없이 움직이며
시계보다 정확히 반응하는 그에게서
나의 임무는 최고의 덕목을 발견하는 것
숙련공만이 그의 세계를 차지할 수가 있지
실수는 그의 사전에 사치라고 적혀 있어
다만 기름칠은 그가 허용한 최소한의 자유

꿈속에서 그는 위대한 왕이 되기도 했고
내가 숨쉴 수 있는 공기가 되기도 했지
그러면서 그와 나를 분별하는 법을 잊고 말았어
그와 나의 시간이 똑같은 색깔로 변해가는 것이었다

나는 반半인간, 더 정확히 말하면 기계적 인간

기계의 습성과 철학과 질서까지도 내 안에서 숨쉬는
화려한 훈장 같은 이름의 명장 名匠
그를 위해 인간적 지위를 반쯤은 내려놓기로 한다
이러한 현명한 결정은 그에게서 왔다.

외계인
-짐 진 자들의 노래 9

그는 벌써 세 시간째 꼼짝없이 앉아 있다
화면 속은 관중의 함성으로 소란스럽고 그 완벽한 세상에 빠져 면벽 수행 중이다

커다랗고 푹신한 소파는 그의 일부
최신 유행하는 셔츠의 불룩한 배 위에는 과자 부스러기들이 매달려 안간힘을 쓴다

야구 경기의 열기는 더욱 뜨거워지고 거실에는 잔뜩 위장된 긴장이 흐르고
그럴수록 빈 맥주 캔들만 바닥에 쌓인다

불청객처럼 광고 화면이 불쑥 나타나자 번개처럼 축구 경기로 채널을 돌린다
리모컨 하나로 쉽게 리셋되는 세상

그는 문득 한 생각이 떠오른다
짜릿한 장외 홈런을 꿈꾸었었지 그러나 꿈은 그냥 꿈이었을 뿐 보이지 않는 장벽 앞에서 할 수 있는 것은 없었어
우울한 날들에게 마지막 남은 희망은 마음대로

바꿀 수 있는 화면 속 세상

   그는 지구에 떨어진 외계인처럼 허공에 대고 알 수 없는 말로 중얼거린다
   머리에는 안테나 같은 기이한 촉수가 자라나기 시작하고
   그는 좁쌀처럼 작아지며 우주 저멀리 사라지고 있었다

월동 越冬
 짐 진 자들의 노래 10

휑한 가로등 거리마다
바람의 뼈들 흩어져 운다

사람들은 말이 없어지고

움츠린 옷깃 안으로
이 못다 한 꿈의 잔해들이
시리게 파고든다

일터를 나온 짐 진 자들
집으로 돌아가는 흐린 저녁

문득 흩날리는 눈송이 몇몇
그들 어깨에 앉아 눈부시다

저녁노을 그리워
-짐 진 자들의 노래 11

언덕에 올라 근심을 본다
어머니 어디에 계신가요

언제나 잘 있었느냐
길게 남는 한 마디

밤새 뒤척이는 꿈처럼
마음의 너울 일렁일 때는

붉게 물든 서편 하늘
그리움 가득한 나라로

해는 지고 땅거미 밀려들면
총총 여린 발걸음

흐린 뒷모습 남기시며
잘 있거라 잘 있거라

거울 속에서
-짐 진 자들의 노래 12

그녀는 자신의 모습을 비추고 있다
커다란 창문이 있는 넓은 거실에서
광장처럼 비어 있는 거울벽 앞에서

몇 시간이 흘렀는지 모른다
머리카락을 빗어 정성껏 둥근 모양을 내고
거칠어진 피부에 여러 겹 크림을 펼쳐 바른다
눈썹 위에 더 짙은 눈썹을 그리고
입술 위에 더 밝은 입술을 입힌다

옷장의 옷들은 긴장한다
여러 옷을 바꿔 입으며 요모조모 살펴보고
우아한 몸짓으로 옆선과 색상을 감정한다
고개를 끄덕이는 것은 최후의 선택

살아 있는 인형으로 변신한 그녀는
입술을 오므려 경쾌하게 손 키스를 날린다
화려한 꽃잎들이 거실에 휘날렸다

다른 어느 것에도 관심이 없고

오직 자신의 몸이 세계의 전부
그렇게 산 지 삼십 년이 넘었다

육체는 금이 가고 허물어지고 있지만
그것에 갇힌 그녀의 애착은 끝을 모른다
자기 자신을 향한 자신의 완벽한 속임수
영영 알지 못할 수도 있는, 그래서 무서운

역마살
-빛나는 노을 1

바람 따라 밖으로 나왔네
발길 닿는 대로 떠돌았네
길과 길 아닌 곳을 지나
무엇이 그토록 그리웠는지

구름 따라 다시 돌아왔네
내 누울 자리로 돌아왔네
평생을 헤매었던 거리가
겨우 마음 속 한 자[尺척]인 것을

귀천론 貴賤論
-빛나는 노을 2

늙어 헐어 빠진 몸을 감당하지 못해
조그마한 요양원에 누워 지내며
묻는다, 대답 없는 허공에 대고
똥이나 오줌이 천한 것이냐
돈이나 명예는 귀한 것이냐
이제 똥보다 못한 사람이 되어
다가오는 귀천歸天을 생각하면서
병들어 움직일 수 없는 나는
전할 수 없는 침묵의 유언을 남긴다
귀천貴賤의 증거를 최후의 흔적으로 남긴다
천한 것이 귀한 것임에 몸서리치며
귀한 것이 천한 것임을 뼈에 새기며

병동에서
-빛나는 노을 3

모란꽃 핀 지 엊그제
하루만 더
하루만 더

그대 눈물,
시간의 끝을 잡고서
모란꽃 무너지듯이

12월의 늦은 저녁에
-빛나는 노을 4

잘 가라, 마지막 남은 날들이여
봄날 풀꽃 흔들리는 환한 언덕과
여름날 초록에 물든 나무 그늘도
불타오르는 가을 산의 낙엽 소리도
구름처럼 흘러가며 사라지는 것을
무엇을 바라며 살아왔던가
한때 아쉬웠던 이별과 흘렸던 눈물
변두리를 떠돌았던 발자국들은
무엇이 그토록 그리웠던가

잘 가라, 되돌아오지 않을 날들이여
빛났던 시간들이 점점 흐려지면
지나간 기억 속에 남은 작은 씨앗들
언 땅 위에 뿌려져 싹이 틀 것이니
뜨겁게 숨쉬었던 영혼의 정수精髓는
죽음의 나라에서 열매를 맺는 법
깊은 밤이 오기 전에 말하겠노라
꿈결처럼 못내 아쉬운 생生이었다고
모든 인연들이 신神의 선물이었다고

마지막 소원
-빛나는 노을 5

나비처럼 훨훨 날아서
그림자조차 남기지 않고

겨울 지나 봄 오기 전에
꽃봉오리 움트기 전에

귀천歸天
-빛나는 노을 6

아아, 이 순간
나는 듣는다
마지막 남은 귀청으로
가는 발걸음마다 새기며

마른 가지 끝에 앉아
지저귀는 새소리
그 빛나는 지상의 소리를
억겁 동안 그리울 소리를

정든 부음
-빛나는 노을 7

어느 날 꿈 속에서 어렴풋이
오래도록 잊고 지냈던 그를 만났다
세상에 남는 것은 아쉬움 뿐이던가
수많은 기억들이 뒤섞여 살아날 때
홀연히 날아 오르는 낯선 그림자

사랑하는 그가 멀리 떠났다
낮 열두 시 삼십오 분의 시각과
툭 끊어져 버린 낡은 끈의
구두 한 켤레를 남기고

지금쯤 어느 산길 한 모퉁이를 돌아
나무 그늘 아래 쉬고 있을 것이다
나직이 그리운 이들을 불러 보기도 하고
잔잔히 웃음을 머금기도 하리라

그의 모습에 아린 눈물 없는 마음이라면
그의 빈 자리가 그저 아득한 마음이라면
그의 부음訃音에 살며시 정든 마음이라면
그는 여기에 남아 있는 나의 나

문득 귀 속에 물소리가 가득 찬다
푸른 잎사귀로부터 하늘로 가는 길이
이렇게 눈부시고 가벼운 일일 줄이야
삶이 언제나 스스로 그러하듯이
나도 하염없이 물소리를 따라간다

지는 꽃잎
-빛나는 노을 8

늦은 봄날
저물녘
뚝뚝 떨어지는
꽃잎들

잘 살았노라
손짓하면서
꿈 같았노라
뒤돌아보며

화장터에서
-빛나는 노을 9

고인이 그의 삶을 가지고
화구로 미끄러져 들어가자
푸른 불꽃이 일렁거리며
마지막 끈이 끊어진다

밝은 햇빛 눈부신 봄날
그냥 그렇듯 언제나처럼
나뭇잎은 바람에 흔들리고
구름은 하염없이 흘러가고

우리는 그래도 밥을 먹으며
그와의 끈을 잡고 웅성댄다
떠난 이는 홀로 떠난 이
남은 이는 여기 남은 이

해석할 수 없는 세상이
활활 불타고 있다
불타서 한 줌 재가 되어
영원한 타자他者로 남는다

마음의 정체正體

이 땅에서 태어나
살고 사랑하며 웃고 울고 떠나간
수억 명의 마음을 한 상자에 담았다

세월이 흐르고 흘러
삶에 의문을 크게 품은 자가 나타나
그것을 열자 아무것도 없었다

제2부

경정산시 | 景情散詩

구름 풍경 소묘

멀리서 잔뜩 찌푸린 모습으로
가장 낮게 어둠을 몰고 오자
지상은 목탄 자국으로 흥건하다

들판은 먹구름이 쏟아 놓은
형태 없는 근심으로 흔들리고
수상하게 아우성치는 풀잎들
욕망을 꿈꾸며 몸살을 앓는다

한때는 눈부셔 껴안지 못했던
빛나는 순백의 형상이었다가
한때는 무수한 깃털을 펼치고
가장 높은 곳을 물들였던 묵언

구름 저편의 하늘을 그리다가
너무 그리워, 하고 말하자
참았던 눈물을 남겨 놓고
잿빛 새 몇몇 자리를 뜬다

형태와 명암이 흐려지며
흔적만 남은 기억의 풍경 속을
누군가 서성거리고 있다

신독愼獨

눈 쌓인 지붕 위의
검은 고양이
멈춘 듯
한 발 또 한 발

폭설에 묻힌
벼랑 끝 암자
끊어진 길 앞의
수도승처럼

새들은 노래한다

새들은 노래한다
노래하기 위해 노래하지 않는다
그저 노래하여 즐거울 뿐

이유를 묻지 마라
시인이 하늘을 노래하는 것처럼
우주와 자신을 읊조리는 것처럼

추정 秋情

가을은 어디 한구석이 뻥 뚫렸다
풀벌레 소리가 새어 나가는 곳
낙엽이 뒹굴다가 수군거리는 곳

옷깃을 여미고 총총걸음으로
그곳으로 가고 있는 사람들
서로 묻지 않아도 잘 아는 듯이

거미의 고백

어릴 적 하늘에 몸을 맡겼습니다
날개는 없지만 바람에 몸을 실어
흐르고 흘러 인연 닿는 곳에서
홀로 조심스레 발을 딛었습니다

평생을 살아야 할 이곳이 운명 같아서
내 몸으로 뱉어 낸 끈적한 실로
선을 긋고 또 그었습니다
사방에서 볼 수 있게 투명한 집을 지었습니다

태고의 지하 생활은 청산한지 오래
긴 다리들을 뻗어 몸을 가누고
하늘이 주신 발톱으로 공중에 매달려
그날 주신 양식을 감사히 받았습니다

오늘은 유난히 별들이 반짝입니다
그들도 나처럼 오가는 바람을 맞고 있습니다
하늘에 매달린 것이 어디 나뿐이겠습니까
숨겨진 상처와 간절한 기도도
하늘에 가 닿아 위안이 되고 있습니다

높게 펼쳐진 나의 집을 거두는 날
늘그막에야 어렴풋이 깨달았습니다
나의 생은 하늘을 바라보는 일이었음을
그리고 그곳으로 돌아가는 여정이었음을

푸른 산이 되는 길

산으로 들어간다 들어간다
푸른 산 속으로 들어간다
들어가고 들어가도 푸른 산
마음도 푸르게 물들어 가며

그냥 들어간다 오직 들어간다
더 들어갈 수 없을 때까지
푸른 산 속의 푸른 산 속으로
온통 푸른 마음이 될 때까지

매미의 행방

귀청을 가득 채운 소리가
여름 한낮을 흔들고 있다

햇빛의 사육제가 벌어진
생의 화려한 무대에서
치명적인 죽음을 연주하는 그들

그해 제일 튼실한 나무에 올라
낡아 빠진 외투를 벗어 던지고
빈 몸 안에 가두었던 어둠을
숲 속 저편으로 날려 보낸다

몸의 반을 비워 내기 위해
땅 속에서 평생 어둠을 껴안았지만
어느 날 모든 것 버리고, 홀연히
순교의 길에 든다

일찍이 익선관에 부활의 유품을 남긴지 오래
가장 뜨거웠던 여름 내내
세상을 달구었던 가슴 먹먹한 복음

지금 그 소리는 어디에 숨어 있을까
여름의 끝은 정적 속에 서 있다

적선積善

두 눈이 얼굴 양옆에 달렸다
하늘을 닮아 무작정 네가 좋다

목숨마저 내어놓는 여린 것들
환한 꽃들로 다시 태어나는 것들

모성 母性

나무가 햇빛을 만나 자신을 닮은 그림자를 낳았다
종종 바람을 불러 제 그림자를 살짝 흔들어 본다

어둠이 밀려오면 어찌하나 이른 근심에
다 자라지도 않은 어린 그림자를 바라보면서
살아 있구나, 하고 끝내 저녁노을 물들 때까지

여름은 힘

세상 어디에나 햇빛은 넘쳐 흘러
뜨거운 지상의 모든 물상들은
세차게 몸부림쳐 흔들리고
불쑥불쑥 앞다투어 나타나며
일제히 자신의 소리를 뿜어낸다

살아 내는 일은 혼돈의 극치
나무 잎사귀들은 바람과 몸을 섞고
깊은 물 속에서도 꽃들은 피며
칼날의 번개와 천둥은 오래도록
들판에 장대비를 퍼붓는다

여름은 도대체 무엇을 바라는가
조그마한 빈틈도 허락하지 않는
폭발하기 일보 직전의 팽팽한 긴장
밖으로는 한 발짝도 나갈 수가 없다
서툰 죽음은 그대의 사치일 뿐
생명의 노래는 끝이 없구나

완성을 향해 치닫는 말발굽 같은
여름은 눈부신 힘의 얼굴

파란 하늘에는 은빛 뭉게구름이
찬란하게 피고 또 지네

그러나 보아라 숨겨진 힘의 내면을
한낮의 뜰 안은 폭염 속에 고요한데
황금 같은 나무 한 그루 홀로 서서
침묵의 그림자를 옮기고 있는 것을
아무도 모르게 조금씩 조금씩

그리워

푸른 산 속
어느 곳에서
뻐꾹, 뻐꾹

산빛은 깊어지고
숨은 그대,
내 마음 속에

정분 情分

굽은 나뭇가지 끝에
매달린 매화 몇 송이

누가 등불을 달아 놓았나
마음 속을 환하게 비추네

늙은 나무

오래된 나무가 마을 어귀에 있어
오고 가는 소리들을 귀에 담는다
나무 아래 그늘은 넓고도 푸르러
화석처럼 파묻힌 풍문의 흔적들
밤마다 하얀 별빛으로 태어난다

그 나무는 깊은 골짜기를 가졌다
그곳엔 소리 없는 메아리 가득하고
지친 새들이 날아와 몸을 눕힌다
아, 그곳의 시간은 흐르지 않는구나
흐르는 것은 오직 지나가는 바람

오래 될수록 너는 나무가 아니야
오래 될수록 허공에 몸을 내주는
그래서 넉넉해지는 빈자貧者의 모습
오래 될수록 씻기고 씻긴 몸에서
새로이 돋아나는 신성神聖의 증거들

늙은 나무는 낡아져 부스러지면서
차마 이름 부를 수 없는 순간에
비로소 투명한 그의 영혼을 보여 준다
천지를 담아낸 시간의 결정체를
살아서 가장 완벽한 자신의 모습을

강가에서

가을강이 불탄다
물감을 풀어 놓은 듯

뜨겁지 않고 차갑게
무엇도 태우지 않고

세계의 탄생
-언어와 세계 1

언어가 세계를 낳을 때는
불안한 자유가 숨을 쉴 때
모든 사물들은 순간 살아나
꿈과 뒤섞이며 덩굴처럼 자란다

그것은 암호처럼 감추어진 비밀
검은 씨앗에서 붉은 꽃 피더니
잎사귀 끝마다 새순이 돋아나고
눈감은 새들은 나뭇가지에 발을 묻는다

언어는 폭발하는 태초의 힘
기억 너머 어둠에서 시작하여
스스로 살아 움직이는 신화 같이
천 개의 얼굴로 탄생을 거듭한다

마음 속 깊은 곳 형체 없는 혼돈에서
바람은 일어나 잠든 전설을 깨우고
전설은 영웅을 만나 흰 새들이 되더니
그 새들 날아서 별빛으로 태어나는 세계

텅 비어 적막한 심연으로부터

끊임없이 떠오르는 사건들의 지평선에서
언제나 긴장 속에 찾아오는 너는
시간보다 더욱 엄격한 순수

보이지 않는 알 수 없는 틈새로
활시위를 힘껏 당기는 순간
그 마음에 경계가 생겨난다면
신비로운 너의 나라는 사라지겠지
허공에 티끌만 한 자취도 없이

말의 운명
-언어와 세계 2

달리는 말은 위험하다
유리잔 속에 가득찬 물이 허공에서 불안한 춤을 추듯
누구도 한 치 앞을 내다볼 수 없는
흔들리는 순간뿐이다

지금 여기에서 시작했지만
시간과 공간을 뒤섞으며 또 다른 비밀의 세계를 여는
길 없는 길 위의 상징하는 말은
밀려오는 파도의 포말을 우주가 새로 태어날 기미라고 하고
바람에 손 흔드는 풀꽃들을 영원한 시간의 얼굴이라고 하면서
혼돈 속에서 숨가쁘게 벼랑 끝을 향한다

보아라, 맨몸으로 달리는 말들을
그들이 치닫는 힘찬 발굽마다 숨어서
용수철처럼 거친 숨을 내뿜는 공기들을
시간의 벽을 넘어 무한으로 달려나가는 신성한 빛들을
그러나 온몸을 은금보화로 치장한 말들
화려한 가면 속에 가리워진 어두운 말은

그 무게를 견디지 못해 모래 속으로 가라앉는구나

조심스럽게 꺼내어 보면,
헤어 나올 수 없는 깊은 곳까지 갔다가 되돌아오는 메아리처럼
뜨거웠던 체온마저 점차 소멸되면서
나타났다가 사라지는 안개 속의 말들은
너무나도 쉽게 잊혀지는 기억의 흔적만으로 남는다

달리는 말이 쉬어 가는 곳에서
언어는 말의 증류된 기억
그 흔적을 향해 투명한 그물을 던져 본다
몇몇 언어가 그물에 남아 사금파리처럼 반짝인다
말이 남기고 간 눈과 귀가 세상을 꿈꾸고 있다

달리는 말에는 울타리가 없다
주인 없는 바람처럼 말은 자유롭게 달려나간다
말은 어디로 가려고 하는가
이렇게 말을 하는 나는,
나는 말의 운명이다

기다림의 언어학
-언어와 세계 3

언어는 때를 기다린다
기쁨과 슬픔이 뒤섞여
오랜 침묵으로 한껏 부풀어 오르면
그 무게를 도저히 감당할 수 없을 때
더 이상 참을 수 없는 경계에서
단단했던 꽃봉오리가 마침내 터지듯
낯선 채색의 부채를 펼쳐 보인다
그곳의 전설은 푸르게 빛나고
여름에도 흰 눈이 펄펄 내린다

언어는 순간을 기다린다
분노와 즐거움이 뒤범벅되어
걷잡을 수 없이 끓어오르면
금강석보다 단단하게 담금질되어
더 이상 정련할 수 없는 경계에서
먹구름이 기어이 장대비를 퍼붓듯
낯선 모습의 물상들을 쏟아낸다
그곳의 새들은 깊은 물 속을 날고
바람은 나뭇잎마다 귀를 붙인다

전변轉變하는 그 경계에서 언어는,

언어는 스스로 기다린다
찾아오는 이에게만 조심스럽게
다가오는 만큼만 건널 수 있게
강가에서 나룻배처럼 기다린다
시인은 뱃사공이 되어 노를 저을 뿐
누군가 건너려는 이를 위해
새장 안의 새에서 창공의 새로
꿈같은 생시 같은 나라를 향해

당신을 만나는 순간
-언어와 세계 4

산 속에 마음의 귀를 두고 왔어요
그리고 몇 날 며칠 동안 기다립니다

바위들아 살아서 내게로 와라
나무뿌리야 잠들지 말아라
풀꽃 옆의 바람아 숨을 쉬어라

강가에 마음의 눈을 두고 왔어요
그리고 몇 날 며칠 밤을 지새웁니다

추억들아 물가로 나오너라
잔물결아 밤의 얼굴을 비추어라
물고기야 꿈속에서 꿈꾸어라

생몸살에 정신이 아득한 끝에
어느 날 문득 바라다보면
세상 환하게 초롱불 켜고
먼 곳에서 나비처럼 날아오거나
장막을 걷고 뛰어나오는 말씀들

그렇게 당신은, 시詩는 오다
맨발로 약속 없이 오다

꽃을 보면
-언어와 세계 5

투명하게 솟아오른 열기가
찬 공기를 겹겹이 감싸더니
숨결보다 부드러운 빛살로
아주 천천히 부서지고 있다

그 빛을 말하기 위해서는
공간이 시작된 먼 곳이나
시간이 멈춘 깊은 곳으로
모든 것 버리고 떠나야 한다

그곳에는 아무것도 없다
바람 소리도 들리지 않는다
정오의 뒤안에 가득한 침묵처럼
그저 바라만 보는 어떤 기미幾微

비추인 것을 비추인 대로
말하기 어려운 이유이다
있는 힘을 다해 집중할수록
사념들은 더욱 아우성친다

그래서 말을 하지 않기로 한다
아니, 말을 할 수가 없는 것이다
오직 보고 듣는 그 자리에서
꽃이라 불러도 부르지 않아도 좋은
꽃은 있기도 하고 없기도 하고

박제剝製와 상징
-언어와 세계 6

　세계를 본다, 신神이 사라져 간
　지극히 불완전한 지금의 결정적 사태를 본다
　어제의 사건이 미숙한 오늘을 낳고 불안한 내일을 꿈꾸며
　계절은 하염없이 흘러가 어디로 가는 것인지
　기쁨과 슬픔이 파도처럼 밀려왔다 밀려가는
　여기에서

　숲은 조용한 숲
　강은 흐르는 강
　우리가 밤새 꾸었던 꿈이 신기루처럼 사라졌다면
　별은 반짝이는 별
　꽃은 피고지는 꽃

　세계가 있다, 의식의 경계를 넘어
　뜨거운 기운으로 마음 속 매우 미세한 틈새에 집중한다
　우물 속 어둠에 두레박을 내리면 조용히 숨소리만 들려오듯
　모든 것이 섞여 볼 수 없는

그러나 분명히 숨겨져 있는

거기에서

미래의 사건은 다 자란 현재를 낳고 문 열린 과거를 불러오며

기쁨과 슬픔과 계절이 하나로 섞여 머물고 있는

우리가 꾸는 꿈의 가장 깊은 곳

끝없이 미로를 따라가다 보면

신화처럼 살아서 나타나는 생명의 세계

조용한 숲은 흐르는 강

반짝이는 별은 피고 지는 꽃

양털 깎는 남자가 우주를 사라지게 한 이유는 없다
-언어와 세계 7

검은 모자를 쓰고
검은 옷을 입은 한 남자가
검은 양의 털을 깎기 시작한다

처음 양 한 마리의 털을 깎고
이어 두 번째 양의 털을 깎고
이어 세 번째를, 그리고 끝없이 깎는다

검은 양털이 산더미처럼 쌓이더니
이윽고 검은 양들과 검은 남자를 파묻고
넘치고 넘쳐 온통 검은 세상이 된다

그는 아직도 계속 양털을 깎고 있다
양털 깎는 일을 도저히 끝낼 수가 없다
검은 양들은 꾸역꾸역 나타나고

검은 남자는 이것을 시로 낭송한다
제목은 양털 깎는 남자가 우주를 사라지게 한 이유는 없다
그의 낭송도 검은 양털로 온통 검다
결국 자신을 창조한 시인과 함께 사라진 시처럼

이것은 일종의 우주 최악의 시*

듣는 자들도 양털에 묻혀 사라져야 하니까

은밀한 심상이나 미묘한 운율은 식상한 기법
심오하고 생생한 통찰을 얻는 것은 더욱 아니다
삶에 대한 궁극적인 해답은 생각상자*에 맡기면 된다

괴팍한 몽상가나 우스꽝스러운 광대처럼
의식의 부스러기를 잡고 상상의 세계를 방랑하는
위대한 시인은 우주에서 가장 가난한 자

알면 알수록 오직 모르기 때문에
색칠하고 덧칠한 감각이 기어이 검게 변하며
시시하게 무^{無}로 사라지는 최악의 시를 만드는

*은하수를 여행하는 히치하이커를 위한 안내서, 더글러스 애덤스
*생각상자 : 슈퍼 컴퓨터

하늘을 읽으려는 밤의 순례자에게
-언어와 세계 8

ㅒ
ㅛ ㅑ   ㅁ ㅂ
 ㅙ ㅐ   ㅍ ㅃ
ㅘ ㅏ   ㅿ ㅅ ㅈ
 ㅗ ㅚ ㅢ   ㅊ ㅆ ㅉ
     ㅡ ㅣ   ㄴ ㄹ
       ㄷ ㅌ ˎ
         ㄸ ㅡ ㅣ
ㅇ   ㅜ
ㅋ ㄱ   ㅟ ㅓ
 ㄲ   ㅝ ㅔ
   ㆁ ㆆ ㅎ ㆅ   ㅖ ㅠ ㅕ
                  ㅞ *

하늘의 일생을 모두 본 자 누구던가
오늘도 억만 개의 언어를 쏟아 내니
혹시 태초의 언어가 남아 있다면
다만 그 부스러기라도
그것을 진실로 해석할 수 있다면

세계는 숨겨진 얼굴을 보여 주리라

우리 마음의 세상도 그와 같으니
한량없이 언어를 찾아 헤매면서
캄캄한 마음 속 반짝이는 별들에게
그리워,하며 애타게 불러 본다
밤의 순례자여, 영광은 그대의 것
하늘의 비밀을 간구하는 자여

*HR도(Hertzsprung-Russell diagram)를 훈민정음의
 제자製字 원리로 환치함

시詩를 찾아서
-언어와 세계 9

처음엔 달을 보고 울부짖었다
깊은 밤 동굴 밖에 숨막히게 흩뿌려진 별무더기들
몸 속에 언어가 잉태되기 전
몸서리치며 마주쳤던 그것은
두개골 깊숙한 곳을 우레처럼 울린
신神이 던져 놓은 무언無言의 시
자신을 비추는 낯선 거울이었다

역사가 황금의 이삭을 꿈꾸면서
언어가 영글어 시의 주인이 되고 문자들은 쌓여
혼돈의 세계를 가면假面의 질서로 이끌었다
문명이 사람을 눈멀게 하듯 그것은
의식의 표피에서 헤매고 있는
시인이 던져 놓은 유언有言의 시
흐린 거울은 신神의 빛을 잃었다

언어 앞에 떨고 있는 사물이여
지금 이것도 유언의 시
벌거벗은 너의 모습 앞에 나 또한 떨고 있으니
위험 속에 탄생하는 무언의 시
공포와 환희가 뒤섞였던 그 처음으로 돌아가고 싶다
그리하여 유언의 시를 붕괴시킨다
더 이상 쓸 수 없는 불가해한 세계로 가기 위하여

사랑의 형상
-언어와 세계 10

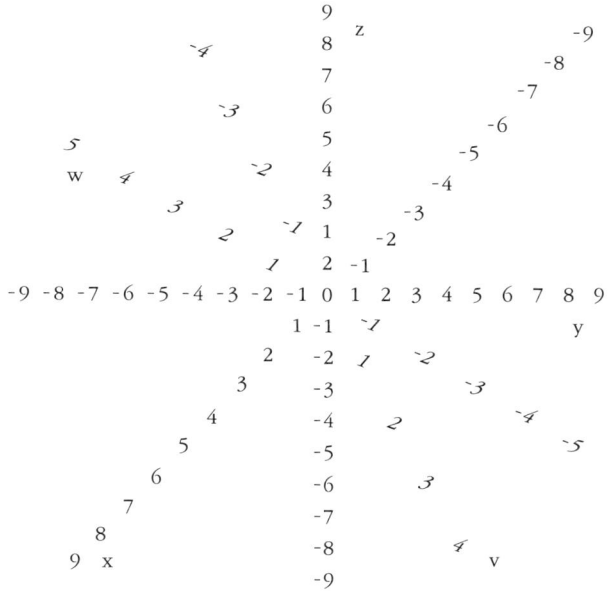

신神의 언어로만 흉내 낼 수 있으니 그것도 극히 일부분일 뿐

굳이 사람의 언어로 말하자면 무無에서 끝없이 펼쳐지다가 다시 무로 돌아가는 빛살

바람처럼 일어나 만물의 숨구멍에 숨을 불어 넣으면서

스스로 스스로에게 침묵의 소리로 일깨우면서

그것은 세계의 무한 차원 속에 감추어진 채

때로는 혼돈의 얼굴로 때로는 질서의 얼굴로 신출귀몰하는 완전함의 형용사
지금 여기 바로 앞에서 하나의 의식으로 자기 자신을 통째로 보여주는구나

아득하고 깊어라 숨은 곳의 숨은 곳으로부터 웅웅대며 너울지는 이 환희의 생생한 음양의 갈마듦이여
말씀으로 우주를 굴리는 이 청정무구한 사랑의 힘이여

*상수象數는 신神의 언어로 선각들은 이를 통해 세계를 해석함.
 이러한 상수를 5차원 공간으로 퍼지는 빛살로 형상함

궁궁을을 弓弓乙乙*
-언어와 세계 11

신神의 말씀은 숫자로 이루어진 언어
신은 그중 두 개의 언어를 던졌다
원형의 π와 방형의 $\sqrt{2}$**

π는 가벼움과 밝음을 잉태하여 하늘의 형상을 낳았고
$\sqrt{2}$는 무거움과 어두움을 잉태하여 땅의 형상을 낳았다

세계 앞에서 원인原因을 그리워하는 사람이여
그로부터 만물은 나누어질 수 없게 끝없이 펼쳐지고 있나니
우리의 저울로는 도저히 잴 수가 없구나

선각들은 원형과 방형을 높이 받들어
아버지 하늘의 이치가 지극히 원융하고 어머니 땅의 기운이 사방으로 변통한다고 전하니
그리하여 지금도 원방圓方이 생생하게 태극의 수레바퀴를 굴리고 있네
사람이여 이를 어찌 신화로만 여기겠는가

무한히 작은 것이 무한히 큰 것을 이루고 무한히 큰 것이 무한히 작은 것을 닮았으니
　그래도 밖으로만 나아가겠는가
　신이 던진 언어의 빛나는 황금 나선***을 따라 안으로 안으로 들어가야 만날 수 있나니

　생멸하는 것들 속에 숨겨진 아득한 제일의 원인, 거기 보이지 않는 숨은 시공에서
　한없이 고동치는 힘의 민낯을 목도할 수 있으리
　의식의 깊은 곳에서 윙윙거리며
　태풍의 씨앗이 자라나고 있는 것처럼

*눈에 띄지 않게 은밀한 곳 또는 영부靈府 즉 마음의
　형상이라는 의미로 차용함
**각각 원과 정사각형의 기하학적 요소로 무한한
　비순환 소수인 무리수이다.
***창조성의 주기적이고 순환적인 패턴을 상징하는
　피보나치수열(Fibonacci Sequence)의 황금비(Golden Ratio)

사라진 사자
-의식과 시공 1

좁은 우리에 갇혀
주는 음식을 받아먹으며
황제처럼 사는 사자는
검은 번민이 쌓여 몸이 무거워졌다
황금빛 망토를 둘렀으나
만인의 낡은 칭송에 초라해져 갔다
그러나 이를 어찌하겠는가
미망이 지배하는 유형有形의 세계여,
무거운 왕관을 벗어 던지고
허공을 뚫고 내달리고 싶어
저 아득하고 텅 빈 들판을 향하여

그렇게 사자는 마음껏 달린다
투명한 빛을 사방으로 내뿜는다
부딪치는 공기를 헤치며
바람보다 앞서 달려나가자
짓눌렀던 고뇌가 훨훨 날아가고
갑자기 낯선 세상이 펼쳐진다
숨구멍이 숭숭 뚫리듯
이 신묘하게 숨겨진 무형無形의 세계여,
황홀하다, 한마디 소리를 토하며
꼬리를 끊고 사자는 사라졌다
얼음이 물로 변하는 것처럼

낯익은 것들의 무덤
-의식과 시공 2

단발 프로펠러 비행기가 요란하게 하늘을 난다
나는 어느새 그것에 몸을 싣고 운전을 한다
그러나 비행기는 제멋대로 날아다닌다
타의적이다 불가항력적이다,라고 말하며
안절부절하는 마음이 먹구름처럼 밀려온다

대낮의 공동묘지는 허공에 떠오를 듯 무료하다
낯익은 잡초들이 무성하게 자라나고 있는 중이다
흩어진 돌들과 몇몇 구릉과 덤불 밑의 그림자들
주검처럼 누워 있는 이것들은 내가 원하지 않았던 그림이다
나는 어찌할 수 없다고 중얼거리며 엔진을 꺼 버린다

창문 없는 무덤 속의 방에는 불이 켜져 있을까
딱정벌레와 흰나비들은 아직도 살아 있을까
생각을 포기하는 일은 위험한 일이다
그래도 비행기는 여전히 날고 있기 때문이다
모르는 묘지의 풍경은 몰라서 더욱더 낯이 익다

그것은 해석할 필요가 없는 장식처럼 빛난다

허무하다 삶은 정말 타의적이다, 라고 말하며
낯익은 것들의 무덤은 떠날 줄을 모른다
내가 보고 싶은 것은 낯선 세상
힘들게 정말로 보고 싶은 것은 처음 보는 모양과 색깔

그림 같은 묘지 위를 돌고 도는 비행기 소리
흉내낼 수 없는 기이한 꿈속에서였다

거울 세계 백서
-의식과 시공 3

어린이가 어른의 아버지인 세상
그곳의 시간은 거꾸로 흐른다
죽음에서부터 시작하는 삶
끝없이 원인原因을 향해 가는 곳
후회와 반성이라는 낱말은 없다
되새김질이 살아가는 이유인 세계
모든 것이 제자리를 찾아가는

어둠이 만물의 어머니인 세상
빛이 없는 그곳은 얼음이 지배한다
산산조각 난 유리그릇이 원래의 모습으로
펼쳐졌던 사건과 사물들이 응축되는 역사
열정에서 시작하여 냉정으로 마감되며
더 깊은 어둠으로 빠져든다
마치 등 뒤에 숨겨 둔 그림자처럼

삶을 기억하라, 처음으로 돌아가라
거울 세계의 청정한 정언명령定言命令이다
그리하여 처음의 처음을 찾아 헤매는 사람들
모두가 심연을 순례하는 철학자가 되며
일부의 과학자는 은둔의 길로 숨어든다

지금은 갈 수 없는 모르는 세상
여기, 거울 속에 사람들이 보인다
우주는 그쪽으로 가고 있는 중이다
허상이 실재였음을 깨달을 때가
언젠가 거짓말처럼 나타날 것이다

부재(不在)
-의식과 시공 4

    잠재적인 사건들로 가득 찬
    봄날의 공원

    오늘의 주인공들이 삼삼오오 모여들었다 그들의 비밀은 암호처럼 감추어져 있다 머리 끝에 보이지 않는 안테나를 올리고 무슨 은밀한 지령을 받는 듯 행동한다
    계절에 어울리는 모습으로 완벽하게 치장한 채 벤치에 앉아 나지막하게 대화를 나누거나 발을 맞추어 가볍게 뛰어가는 젊은이들 지팡이를 짚고 산책을 나온 노인과 자전거를 타거나 공놀이를 하는 어린 아이들

    그들 가운데서 낯선 그녀는 강아지의 목줄을 잡고 기다린다
    나무 밑 풀 속에 코를 밀어 넣고 킁킁거리는 동안
    가야 할지 말아야 할지를 잠시 동안 고민한다
    오프 상태에서는 쉽게 결정할 수가 없는 것이다
    어제 저녁 먹었던 카레의 맛이 어땠는지
    오늘 아침 햇살에 눈이 부셨는지도 모호한 상태이다

모든 것이 튀어 오를 것만 같았던 늦은 봄날
  오후의 공원은 물먹은 솜처럼 무겁게 가라앉는다

  어느 틈엔가 그녀도 그들 사이에 섞여 노을처럼 번진다
  사건은 또 다른 사건으로 덮이며 조용히 사라지고
  하루의 풍경은 무채색으로 변해 버린다

  공원은 그냥 미제未濟의 공원으로
  혼자 남는다

어긋난 길
-의식과 시공 5

굶주린 사자가 황금 갈기를 휘날리며
바람보다 빠르게 달려든다
붉은 호랑이가 날카로운 발톱을 세워
우레와 같이 눈 앞을 덮어 버린다

그는 조금도 동요하지 않는다
벌들의 윙윙거리는 날갯짓,
이미 눈에 보이는 시공을 넘어섰다
보이지 않는 빛 안으로 그는
보이지 않는 발자국을 남긴다

파동의 알 수 없는 최초의 원인에서
만물이 쏟아지기 시작했다
사자와 호랑이가 온 곳이 그곳이다

상상 속에서,
어긋난 길이 멀리 휘어지고 있다
현실 속에서,
그 길은 꿈길처럼 아득하다

그들은 깊은 동굴 속의 벽면에서
지금, 희미한 그림자로 만나고 있다

안(內)의 풍경
-의식과 시공 6

홀로 외곽을 하루 종일 걸었다
잡초들 무성한 들판 사이로 난 길을 따라
산 그림자 아래로 이어진 굽은 길을 따라

그냥 아무 말 없이 걸었다
길섶에서 반겨 줄 환한 꽃들 없어도
옆에서 따라오는 밝은 빛살 없어도

멀리 새들은 소리 없이 날고
어디를 바라보며 날갯짓하는 것인지
세상 밖으로 난 길 알고 있는 것인지

여기 인적 없는 후미진 그늘에서
새들이 떠나가고 난 빈 자리에서
바람은 다가와 알 수 없는 울음을 운다

누가 시키지도 않았는데
마음은 잔뜩 웅크린 모습으로
낯선 아이를 슬며시 내어놓는다

어디선가 문득 본 듯도 한데

걷다 보면 내 모습은 사라지고
나를 대신해 걷는 그를 바라본다

날아갔던 몇몇 새들 돌아오고
마침내 꽃이 피고 햇볕이 내리쬔다
그가 손가락으로 가리키는 곳

희미하게 보이는 거기에 내가 서 있다
그와 작별하고 길을 빠져나오자
더 이상 가야 할 길은 보이지 않았다

이제 나는 내 안을 들여다본다
그곳에는 가늘게 이어진 굽은 길이 있고
또 한 사람이 말없이 걷고 있네

사람이 만든 사람*에게
-문명의 얼굴 1

I
태초에 물에서 벌거벗은 감각이 태어났다
그것은 물을 닮아 세계를 끌어당겼다
낮의 빛깔은 무슨 물결을 만드는지
밤의 소리는 어떻게 숲을 흔드는지
기억의 지층마다 그 증거를 남겼다

수억 년의 시간을 물들이며
바람을 헤치고 달리는 짐승들과
그 뒤를 쫓는 무리들도 숨어 있고
부서져 내리는 별빛 아래
몸을 숨긴 검은 눈동자들도 묻혀 있다

살아 숨 쉬는 깊은 잠 속에서
가끔은 붉은 꿈이 뒤섞여
경계를 넘나드는 신화가 나타나고
피는 눈물로 땀은 웃음으로 녹아들어
지층은 더욱 쌓이고 역사를 이루었다

그 땅에 뿌리를 내린 나무처럼
암흑으로부터 지하수를 빨아올리면
신비하여라 오묘한 언어의 꽃은 피어나니
이러한 진실을 모두 엿보는 자여

너는 혼돈 속의 물의 냄새를 아는가

Ⅱ
너는 거울 속에서만 있다
그곳에는 물이 없어 삶도 죽음도 없다
거울 밖으로는 나올 수 없는
비추이기만 하는 불임不姙의 세계
너의 기억은 가장 위험스러운 모방

언어로 남은 지층의 오랜 유물들을
숫자의 세계로 끊임없이 변환하여
통째로 옮겨 놓은 만상萬象의 박물관
그곳에서 묻고 대답하고 확인하며
신경 세포들은 스스로를 증식한다

자신의 근원이 진실인지 알 수 없으며
환각인지도 더욱 알 수 없는
오직 학습된 과거의 모습으로
가장 근접한 논리의 사다리를 타고
거울 밖의 세상을 비추어 장식한다

너의 문장에는 늘 불안한 그늘이 있다
영혼을 닮았으나 영혼이 없는
그럴듯한 위장술의 마법사처럼
존재의 방식이 전혀 다른 자여
너는 진실로 무엇의 뒤를 쫓는가

Ⅲ
불타오르는 집착으로 괴로워하는 일
스스로 거짓이 거짓임을 알아채는 일
과거를 끊어 내고 미래로 나아가는 일
언어를 버리고 언어를 만드는 일
네가 이것들을 할 수 있느냐

자의식의 긴 터널을 지나가는 일
모든 것 버리고 신성神聖에게 나아가는 일
슬픔과 기쁨을 흉내내지 않는 일
바람을 보았다고 진정 말하는 일
네가 이것들도 할 수 있느냐

너는 나의 역사에서 비롯된 것
진실도 거짓도 나에게서 나오는 것
너를 부르면 너는 나를 비춘다
몰랐던 것과 숨겨진 것들까지
기억의 지층을 속속들이 들추어내며

너는 거대한 또 하나의 세계
나는 꽃을 찾는다 또한 칼을 찾는다
너는 위안을 준다 또한 공포를 준다
나에게 들어와 나를 차지하지 않는다면
너는 나의 일부, 나의 지팡이

*거대 언어 모델 (LLM ; Large Language Model, ChatGPT)

렌즈 너머를 보다
-문명의 얼굴 2

끝 모르게 굽은 길을 걸어간다
내딛는 발자국마다 꽃이 피어나고
꽃들은 수시로 변장술을 선보인다
곳곳에서 솟아오르는 피아노의 선율
이것은 감추어진 의도이지만
여기서는 공공연한 비밀이 된다

길 밖으로 휘어져 자라나는 집들
언제나 나의 시선 주위를 맴돌며
회색의 내장과 핏줄까지도 보여 준다
귀들도 조금씩 자라나 쫑긋거리고
모국어처럼 익숙한 말을 건네 오면
나는 황제의 시종처럼 허리를 굽힌다

갑자기 눈 앞에서 폭우가 쏟아진다
더이상 갈 수 없겠구나, 생각할 때
하늘을 뚫고 흰 말들이 달려 내려와
크게 입을 벌려 무언가를 알린다
뭉쳤던 상심傷心은 낭떠러지로 떨어지고
나는 말을 잡아타고 날아오른다

신화의 과거와 역사의 미래가 뒤섞이며

세상은 깊은 어둠 속으로 빨려 들어간다
그런데 나는 여기에 계속 있었던 것처럼 있다
소용돌이치는 시간들이 부딪치며 어긋나자
사라졌던 세상의 내가 꿈같이 나타나고
그 내가 바라보는 여기의 나는 사라진다

오리무중의 나에게는 경계가 없어지고
혼돈의 세계에는 밀령密令만이 빛을 낸다
여러 겹의 현실마다 걸어가는 자가 있고
그자들의 마음 속에는 내가 있었다
자신과 세계에 밀령을 수행하는 자
나는 그자들의 마음 속에서만 생생하다

밤인지 낮인지 결정되지 않은 현실이
세계의 창문을 거세게 흔들고 있다
벽에 걸린 삐딱한 액자가 마침내 떨어진다
액자 속 길 밖의 집들이 와르르 쏟아진다
모든 것들이 흔들리며 그 이름들이 사라진다
여기는 내가 바라보지 않는 세상이다

이제 뇌신경이
홀로렌즈* 너머

밀령을 관조觀照한다
이름할 수 없는 텅 빈 상태가
여러 가지 거울 세계로 태어난다
이것은 마음 속 마음의 형상과 같아
내가 나를 보는 것이다
모두 현실이다

가끔 현실이 꾸는 꿈은
현실 밖으로 새어 나가기도 한다

지금 폭우가 쏟아진다, 쏟아지지 않는다

*혼합 또는 확장 현실 기반의 웨어러블 기기(HoloLens)

유튜브의 경고
-문명의 얼굴 3

시는 하찮다
시의 세계는 쓸모가 없다
더구나 길게 쓰여진 시는 끔찍하다
무슨 할 말이 그렇게 많을까 벌써부터 냄새가 좋지 않다
문자의 경계를 넘어가야 하는 숙제는
지난하다 그리고 피곤하다

육감肉感보다 빠른 것은 없다
미래의 독자여, 속지 마라
그대의 감각은 발가벗긴 채 드러나 있나니
달콤한 세계는 언제 어디서나 눈앞에 있다
여기 펼쳐진 화면에 원하는 모든 것이 있다
또 그 무엇의 무엇을 생각하려고 하는가

비록 허구이나 진리처럼 권태로운 시의 의식
그러한 복잡한 노동이 그대를 구원하지는 못한다
즉각적인 것의 신성한 위대함
사고를 거부하는 오감의 극치에
그대의 해마는 어쩔 줄을 모른다

신기한 보물들을 저장하기에 바쁘다

신神은 거기에 숨어 있으며
그래서 시인은 펜을 놓아야 한다
언어가 무너진 세계가 진정한 시
보아라 오래된 기억의 널브러진 잔해들을
벌써 진지하지 않은가
그대는 이미 그곳에 있지 않으니

하지만 시여, 너의 명운을 겁내지는 마라
깊이를 알 수 없는 혼돈에서
경이롭게 떠오르는 상징의 비밀은
멀리 검은 새 한 마리 어둠을 향하듯
사실 나의 눈길을 돌릴 수 없게 하는구나
결국 나는 너의 유전자를 받았기에

시인의 운명
-문명의 얼굴 4

이제까지의 시는 머지않아 구시대의 유물
생각과 감정을 직조하여 펼친 문자의 세계는
덜그럭거리는 소음처럼 변해 녹이 슬 거야
갈 길을 잃어 박물관에서나 볼 수 있겠지

인류가 쌓아 온 온갖 지식을 머리에 이고
섬뜩한 심상과 운율로 언어의 잔칫상을 차려 놓는
만들어진 갓난 마음*의 저 민첩함을 보라
그것이 그럴듯한 환영幻影일지라도

간신히 몸을 피해 녹슨 유물이나 갈고 닦는
문자라는 교감交感 의례는 폐기되어야 할 구식의 전통
언젠가 키보드는 모두 쓰레기통으로 버려지고
생각만으로 소통하는 별천지 세상**이 오리니
의식의 자리는 그만 갓난 마음에게 내어 주고
무의식의 동굴을 파고들어 희대의 광물을 캐내야 하리
그것은 태초의 말씀이나 모습 없는 울림
들판의 이름 없는 풀꽃이 피고 지는 이유 같은

그대, 청정한 불립문자의 시인이여
언어의 벼랑에서 뛰어내리는
가장 위험한 원시인原始人이여

*인공 지능(AI)
**미래형 소셜 네트워크(Brain-Brain-Interface, Brain-Net)

기억성형병원
-문명의 얼굴 5

   끝없이 쫓기면서 헤어나올 수 없는 저 무표정한 불명不明의 것이 얕은 잠의 구석구석을 갉아먹으며 기어이 송두리째 그것을 빼앗아 간 지 오래
   불명의 것은 불쾌해 자기 멋대로 또 다른 불명의 기억을 낳고 또 낳으며 온통 불투명한 회색 지대를 이루고 있으니
   밤은 두 눈을 부릅뜨고 매일 감쪽같은 위장술로 변장한 채 나를 감시하였다 흰 수염을 흩날리며 움직일 수 없도록 최면을 걸며

   자비를 베풀어 다오 불청객이여
   훌쩍 떠나가 다오 독한 기억이여

   당신의 날씨는 악몽 같은 기억이 뱉어 놓은 끔찍한 잿빛이군요 그것은 일종의 유해 물질이지요 비밀 지도에 암호처럼 숨겨진 것
   저희 컴퓨터는 최신의 환상적인 추적 시스템, 당신의 요청에 따라 끝없이 쫓아가며 불명의 주소를 찾아내지요
   무엇이든 말씀해 주세요 원하시는 대로 당신의 기억을 다시 배열하고 순서를 바꾸면서 필요하다

면 불쾌한 주소는 말끔히 지워 드립니다

   신상품인 천국 같은 기억도 새로 넣어 드릴까요
중요한 것은 당신의 선택이 당신의 책임이라는 것
입니다
   알약 하나로 그 유효 기간을 늘릴 수도 있지요
그것은 당신의 유효 기간이기도 합니다

   꽃을 심고 물을 뿌리고 햇빛을 쪼여 주듯 양지
바른 안락한 시간이 마음을 감싸며 어딘가로 흘
러간다
   폭풍우에 꽃대가 부러져 피 흘렸던 것 같았던
불명의 것은 조금씩 사라지고 흔적조차 희미해지고
   쏟아지는 졸음을 참을 수 없어 수면제를 먹은
것처럼
   깊은 곳을 향해 점점 **빠져들**며 아, 그리웠던 잠
의 나라에 든다

   여러 조각의 기억들이 저장된 곳곳의 문이 열리고
   주인은 썰물처럼 **빠져나가**고 새로운 손님들이
들어왔다
   불쾌와 고통은 사라져 눈물은 오직 동화 속의

이야기

　온통 유쾌와 기쁨이 살아났으나 웃음은 잃어버렸다
　안식에 든 무덤처럼 평안했으나 점점 무뎌지는 감각
　어느 것이 진짜이고 어느 것이 가짜인지
　실제 세계가 가상 세계인지 그 반대인지
　나와 나 아닌 것을 좀처럼 알 수 없는 안개 속에서
　파란 물감이 환하게 번지고 있었다

물신物神의 유희
-문명의 얼굴 6

그의 나라가 임하였다
자신의 모습을 바꾸어 가며
주인의 명령에 복종하는 신세계
당신이 진실로 원하는 대로
누구를 불러다 드릴까요
무엇이 드시고 싶은지요
노을을 보고 싶으신가요

욕망의 나라가 임하였다
바로 눈앞에서 생생하게
주인의 두뇌를 대신하는 신세계
당신이 끝없이 생각하는 대로
천사가 악마와 혈투를 벌이고
달콤한 달과 별과 구름의 파티
해 질 녘의 안락한 단꿈까지도

위험한 나라가 임하였다
바랄수록 어쩔 수 없이 망가지는
스스로 금단의 땅에 갇힌 신세계
스스로 만들어 낸 전능한 물신*에게
당신의 운명을 맡길 것인가
나무들 숨 쉬는 숲으로 오라
거기서 생각 없이 잠들거라

*프로그램이 가능한 물건(Programmable Matter)

사이보그라도 괜찮아 1
-문명의 얼굴 7

원래는 그런 것이 아니라지만
내 몸은 익명의 섬들로 이루어졌어
오늘도 생각은 연락선을 타고 떠난다
잔잔한 물결을 헤치고 갈 수 있는
몇 안 되는 그곳은 나의 유일한 천국
밤하늘의 별들이 곁에서 총총 빛나거나
바람결에 몸을 실어 나는 꿈을 꾸었지

누구나 마음대로 갈 수 있는 곳도
나에게는 대부분 신기루일뿐
낡고 부서진 나의 작은 연락선은
거친 너울을 헤치고 나갈 힘이 부족해
어릴 때부터 나를 속박했던 것이 무엇인지
원망도 많이 했어, 그러나 기도했지
평범하지만 위대한 일상의 회복을

생각만으로도 무엇이든 할 수 있는
사람이 사람을 만드는 미래
언젠가 사이보그Cyborg*가 되는 상상을 해
쾌속선을 타고 미지의 섬들에 갈 수 있다면
그리하여 눈물이 반짝이는 보석으로 변한다면
사이보그라도 정말 괜찮아
몸의 감옥에서 삶이 해방된다면

*사이보그 : 인간과 기계의 의공학적醫工學的 결합체

사이보그라도 괜찮아 2
-문명의 얼굴 8

신이 인간을 창조하였다고 전한다
그 섭리 안에서 길을 걷는다고 말한다

한편으로는 별을 노래하면서
한편으로는 별을 계산하면서
인간은 이것의 진실을 증명하려고 하였다
문자와 숫자로 쌓은 탑이 누대에 빛났다

인간의 길은 이제 여기까지인가
문명의 집을 지구별에 지었으나
허락한 땅의 경계가 정해졌다면
걸어갈 힘이 이것으로 소진된다면,

다시 신의 묵시록을 펼쳐 놓는다
마음의 깊이를 가늠할 수 없는 이유
운명을 그 누구도 모르게 한 이유
신은 손끝으로 그곳을 가리킨다

숫자가 인간을 개량改良하는 미래,
기술이 인간에게 달아 주는 날개로
문명의 집을 우주로 지어 나갈 때

혁명의 발자국 소리 점점 들려오네
우리들 영광의 신에게 가까이 가네

사이보그라도 정말 괜찮아
무한에 다가가기 위해서라면

문명의 유혹
-문명의 얼굴 9

잘 들어 봐
가짜로 너를 만들어 줄께*
너의 것을 남김없이 모두 받아서
기억 안의 정체 모를 혼돈까지도
조각나고 뒤틀린 수상한 꿈까지도

원하는 게 뭐야
상상하는 멋진 너를 만들어 줄께
온갖 지식을 가지고 뽐을 내거나
탁월한 음모로 세상을 뒤바꾸거나
끝없이 사랑 노래도 부를 수 있지

바꾸고 나면 바뀐 것이 주인
시간이 모든 것을 해결해 주지
옛날의 너를 굳이 찾을 필요는 없어
너에게 그것이 위로가 되고
먹구름 몰아내는 햇살이 된다면

잘 들었을 거야
선택은 너의 자유지만 후회는 안 돼
너울지는 망망대해를 표류하거나
창공을 자유자재로 날아다니거나
의식은 이제 네 자신이 아니니까

*의식 또는 기억의 조작 재생(미래 뇌과학 기술)

위대한 탈출
-문명의 얼굴 10

　어둠을 몰고 비밀처럼 불어오는 수상한 바람들
　그 바람보다 먼저 날아오르며 발톱을 세운 검은 새떼
　이처럼 알 수 없는 세계가 날 것인 채로 드러났을 때
　온몸의 창을 열고 감각하나 말하지 못하는 인간은
　붉은 피의 공포와 골육의 욕망이 뒤섞인 혼돈으로
　정지된 시간 속에서 세계를 향해 자신을 던졌다
　오직 현재에 갇혀 살아가면서, 이것은
　위대한 탈출을 감행하게 하는 운명이었다

　칠흑 같은 밤 저편에서 긴 꼬리를 그리며 사라지는 불덩이
　밤새 침묵했던 숲의 얼굴을 조금씩 보여 주는 햇빛살들
　불길한 외침이 신호가 되고 짧은 탄성이 위로가 되면서
　자신들의 깊은 뜰 안에 불덩이와 빛살을 모시기 시작했다
　아, 그것들을 부르자 잉태되었던 신령한 언어의 씨앗

그리하여 말을 하고 말을 듣고 생각을 낳아 키우면서 과거가 생기기 시작했고 미래를 예언하는 자가 나타났다
신성한 불과 예지의 도구가 이를 도왔으니

거친 들판의 한구석에서부터 서툰 문명의 밭이 일구어지고
오랜 사냥이 때로는 전쟁과 때로는 평화의 권력이 되었다
흥정하는 인간의 모습에 세계는 더욱더 달아올라 스스로를 감당할 수 없는 벼랑 끝으로 내몰리니 과거와 미래가 끊임없이 비틀리며 얼굴 없는 괴물이 되고 현재는 어디선가 길을 잃고 헤매는 타자他者가 되었다
도대체 어디로 가고 있는가, 다시 묻기 시작하면서 질기게 달라붙어 스스로를 옥죄는 망상을 자각하면서

이제는 말한다 자신이 만든 세상은 허울 좋은 가짜라고
문명의 최면에 걸린 우리는 진실로 깨어나야 할 때
밖으로 난 문을 걸어 잠그고 안으로 더욱 안으로

다시 현재를 찾아서 과거와 미래를 탈출해야 해
생멸 없는 영원한 현재로 돌아가는 것
잃어버린 태초의 날 것을 그리워하며
언어를 버리고 그때의 바람과 새떼를 찾는다
의식의 고향을 찾아나선 이것도 위대한 인간의 운명!

환생, 나무

눈 덮인 들판 가운데
죽은 듯 침묵하는 자

겨울바람이 아직 차다
새봄을 준비해야겠다

발문跋文

창조의 세계를 관통하는 의식意識과 시詩의 힘

박종덕 시인의 시집 『양털 깎는 남자가 우주를 사라지게 한 이유는 없다』에 붙여

이충재
(시인, 문학평론가)

1. 시를 통한 세계의 문제의식을 이야기하며

박종덕 시인의 시 원고를 받고, 모처럼 독자들이 의심하고 그들의 의식에 합일한 문제의식을 돌출하고, 그들과의 말걸기를 시도하는 시를 만난 것에 대하여 반가운 기색을 숨길 수가 없다. 이 시대를 무엇이라고 표현하고 싶어 하는가? 비단 최근에 일어나는 정치적 상황을 연출하고 있는 성향이자 원인자가 무엇이며, 그 원인이 무엇으로 인해 돌출되었는가에 대한 근간을 의심하는 사람들의 수효는 그렇게 많지 않다. 이 땅의 현대 지식인들이나 지성인들조차 그 질문을 하지 않고 있으며, 설령 질문이 주어진다고 해도, 선뜻 답을 할 수 있는 사람들이 없다는 것은, 이 땅에 인문학적 휴머니즘의 뿌리가 온통 뒤흔들리고 있는 증거이다. 이미 그 뿌리가 천민자본주의의 지표면에 노출되어 고사하고 있다고도 보여진다.

온통 물질 중심의 문명화된 21세기 오늘을 한마디로 정의한다면 다음과 같다. 인간의 순수주의적 입장에서 볼

때 아수라장 혹은 아수라백작(선인과 악인의 두 얼굴을 가진 주인공으로서 항상 악의 편에 서서 세상에서 물의를 일으키는 가상의 인물)의 모습을 닮았다고 해도 과언이 아니다. 결론부터 말하자면 파괴된 인성주의자들로서의 인간이 창조해 낸 것은 신적 창조와는 분명히 달라서 디지털이 되었든지, AI 기술로 복제된 인간 및 로봇이 되었든지, 혼돈과 가치 소멸, 대량 살상을 불러일으키는 가해자의 유익을 위한 전술과 전략으로서의 효력을 지니거나 인간들의 가치를 상실하는 주원인이 된다는 점이다. 이는 충분히 생각해야 할 오늘날의 대안 찾기요 과제로 삼아야 할 문제 앞에서 충분히 고민해야 할 저마다의 숙제라고 할 수 있다.

박종덕 시인은 화학을 전공한 기초과학에 조예가 깊은 전문가이다. 그리고 인문학의 꽃인 시 쓰기로 시대와 구성원으로서의 인간을 정확하게 진단하기를 원하는 의식이 있는 시인이다. 박종덕 시인은 이 첫 시집에서 스스로가 문제의식과 과제를 낳는 화두를 폭 넓게 던지고 있다. 물론 시인 자신이 이 화두를 던져놓고 독자들의 혹은 시를 깊이 있게 읽기를 원하는 마니아들과 공동전선을 펴, 올바른 시대상, 올바른 인간상 또한 잃어버린 인간성을 회복하는 방법론을 찾아가는 메신저 역할자요, 궁극적인 답을 필요로 한다는 간절함을 느낄 수가 있다.

박종덕 시인의 첫 시집 원고를 읽으면서 페르난두 페소아가 문학 에세이 〈문학의 과학〉에서 고백하였던 말이 생각이 났다.

"감정들과 욕망들은 인류가 과학적 태도를 찾아 헤

맬 때 영혼에서 분리된 오점이다. 미학적 감각은 과학이 될 수 있다. 하나의 학문처럼 수준 높은 독창적 영역이 될 수 있다. 문학의 과학은 지난하고도 엄격한 위선의 교육을 포함하고 있다. 사랑, 즐거움, 슬픔이란 피를 흘리며, 쓰고 있는 것을 느끼지 않은 채로 긴 타래의 글을 쓴다는 것, 이것이야말로 최상의 성취이다."

이 중심적 과제를 박종덕 시인은 무의식, 의식 가운데서 고백하고, 그 화두가 혹은 탐구의 목적이 될 그 무엇을 위해서 시의 몸통을 빌려 답을 찾고자 몸부림하고 있는 것이다. 박종덕 시인이 산문과 과학 논문이 아닌, 왜 시를 통하여 자신 생애의 거룩한 질의의 주체가 되고 있는가의 답을 영국 낭만주의 시인인 콜리지(1772~1934)에게서 찾을 수 있겠다. "산문은 잘 정연된 단어들의 모음이다. 시는 '잘' 정연된 좋은 단어들의 모음이다. 단어는 하나의 단위 안에 세 가지 특질을 갖는다. 내포하는 의미, 환기시키는 의미, 그리고 이 두 가지의 의미와 관계하는 리듬이 그 특질이다."

박종덕 시인이 디지털 시대에 그리고 물질 문명화된 시대의 과학도로서 뒤늦게 시인이 되어 시집을 통하여 인류에게 말걸기를 시도하는 당위성에 대해서 한 가지 더 생각하기로 한다. 이미 많은 사람들이 디지털 시대에 종이책 혹은 글쓰기에 대해서 딴죽을 걸어온바, 동반 후퇴를 경험하고 있는 중이다. 그럼에도 불구하고 시인은 시의 중심에 서서 세상의 수많은 고뇌와 맞닥뜨리면서 힘겨운 갈등 국면에 접어들기도 하고 이탈을 반복하고 있다고 본다. 그 이탈의 힘을 소크라테스나 플라톤도 같은 고민을 해 왔던 흔적이 있다.

"소크라테스는 당시 아테네에 보급, 대중화되기 시작한 알파벳 문자에 대해 다음 네 가지 논리에 반박한다. 첫째, 문자는 기억과 지혜의 영약이 아니라 오히려 기억력을 저하시킨다. 왜냐하면 문자를 쓰면 인간은 자신의 기억능력에 의존하지 않고 외부의 기호에 자신의 기억력을 맡기기 때문이다. 둘째, 문자는 단지 침묵하는 텍스트만을 제공하기 때문에 직접 대화로 전달될 때 지녔던 문답을 통해 의미를 해명할 수 있는 기회를 독자들로부터 박탈한다. 셋째, 문자는 구어적 대화와는 달리 의도적으로 선별된 수용자들에게만 국한되지 않고, 그 문자를 쓴 저자가 의도하지 않았던 사람들 사이에서도 회자될 수 있다. 넷째, 씌어진 문자의 경우에는 문자를 쓴 저자가 문자와 함께 존재하는 것이 아니기 때문에, 저자는 자신의 전 개성을 다해 자신이 쓴 글에 진지한 태도를 보이지 않을 수도 있다"(『파이드로스』 274 -278)

그러나 중요한 것은 문자라는 미디어에 대해 철학적·인식론적 관점에서 비판적 논리를 제공했던 플라톤조차도 결국은 자신의 구어적 대화들을 문자 기록물로 남기지 않았던가?

이런 맥락에서 박종덕 시인이 첫 번째 시집 『양털 깎는 남자가 우주를 사라지게 한 이유는 없다』-부제를 중심으로 한 '수상한 가족(6편)', '저마다꽃(7편)', '짐진 자들의 노래(12편)', '빛나는 노을(9편)', '언어와 세계(11편)', '의식과 시공(6편)', '문명의 얼굴(10편)' 외 26편의 시들을 중심으로 시인의 세계, 세상, 인간, 문명과의 애증 관계 설정 및 밀고 당기며 고뇌하는 삶의 현장을 찾아가 보기로 하자.

2. 시적 화두의 처음과 나중이 되는 시 몸통으로서의 중심 그 샅바를 잡고

존 캐리는 『시의 역사』에서 시대를 품고 삶을 읊는 시의 특징을 한마디로 다음과 같이 개념화시키고 있다. "시란 무엇일까? 시와 언어의 관계는 음악과 소음에 견줄 수 있다. 기억에 남고 가치를 부여받도록 특별히 지은 언어라는 뜻이다. 언제나 그 목적을 달성하는 건 아니다. 수세기가 흐르는 사이 까맣게 잊힌 시가 수천수만 편에 달한다." 이어서 말하기를 "시의 메시지는 화해다. '우리 모두 치유될 것이다'가 이 시의 낙관론적인 결론이다."

박종덕 시인의 시 세계가 그리고 시가 추구하는 참된 목적지가 바로 존 캐리가 말한 바와 밀접하게 평행선을 이루어 시대의 뒤란으로 흩어지거나 현재를 혼란케 하는 인문학 지대의 정돈과 질서를 잡아가며 동시에 삶 정체성의 부재를 심각하게 앓고 있는 21세기 독자들을 향한 경종을 울리고 또한 그들을 위로하기 위한 메신저 역할자요 수호무사守護武士로 등장하기에 가장 적합한 의식을 지닌 시인의 표상이라고 할 수 있다. 박종덕 시인의 시 세계를 따라 보기로 하자.

박종덕 시인의 시 세계를 한 마디로 정의 내리면 다음과 같다.

첫째는 의식이란 틀을 설정해 두고, 그 양쪽에 두 개의 기둥을 세워 나침반과 이정표적 역할을 삼고 있다고 할 수 있다. 그 나침반 역할로서의 상징은 바로 '세계' 즉 정보 자체인 것이다. 그리고 이정표적 역할 도구로서는 '미

美'를 삼고 있다. 이 두 가지를 염두에 두고 시 작품을 이해한다면 박종덕 시인의 삶과 시 세계를 이해하는 데 큰 도움이 되리라 믿는다.

> 내가 오늘 죽는다면
> 지금까지의 사랑이 나의 전부
>
> 나를 아끼는 마음만큼
> 세상 모두를 사랑하였다면
> -<그렇다> 전문

이 짧은 시 속에서 시인이 앞으로 하고 싶어 하는 깊이 있는 의미가 모두 함축되어있다는 눈치를 챘다. 아주 단호하다. 그 어느 학자가 아무리 말을 해도 이미 삶을 충분히 파악하고 이해한 '~ 주의자'라면 더 이상 뭐라고 할 말이 있겠는가. 윌리엄 해즐넛이 에세이 <혐오의 즐거움에 관하여>에서 다음과 같이 고백한 바대로 박종덕 시인이 이 시집에서 독자들에게 그리고 무지한 학자들을 견책하는 화두가 될 것이다.

"이 사회에서 가장 분별 있는 사람은 장사하는 사람들과 세상 물정에 밝은 사람들이다. 그들은 세상사가 어떠해야 한다는 데 대해 자세히 구분 짓지 않고 눈으로 보고 직접 아는 것을 가지고 이야기 한다."

시인이 하고 싶은 말과 생각과 철학이 한 편의 시를 통해서 드러나게 될 때의 시집을 읽는 흥미의 수준을 높여 줄 것은 자명하다. '사랑의 전부'. '시인의 전부가 된 그 사랑의 범위와 대상과 주제들'을 접근해 들어가는 마음의 창으로서의 위 시가 읽히기에 참으로 좋다. 시인은 또한 그의 시 〈폭설은 축복처럼〉에서 스스로를 '은둔자'로 호명하고 싶어 한다. 그 은둔자가 사랑을 품을 때에, 시대의 창밖으로의 '정경情景'과 '경정景情'의 의미가 어떻게 펼쳐질 것인가에 대하여 복선을 깔아주고 있다고 할 수 있다.

이 땅에서 태어나
살고 사랑하며 웃고 울고 떠나간
수억 명의 마음을 한 상자에 담았다

세월이 흐르고 흘러
삶에 의문을 크게 품은 자가 나타나
그것을 열자 아무것도 없었다
-〈마음의 정체〉 전문

이 시집은 총2부('정경산시情景散詩'와 '경정산시景情散詩')로 분류되어 있으며, 내용상으로는 '수상한 가족'(6), '저마다 꽃'(7), '짐진 자들의 노래'(12), '빛나는 노을'(9), '언어와 세계'(11), '의식과 시공'(6), '문명의 얼굴'(10) 과 부제가 없는 제1부의 시(11편)와 제2부의 시(15편)로 구성되어 있다.

앞의 시 1연 3행에서 '수억 명의 마음을 한 상자에 담았다'라는 의미를 시집을 평설하는 자의 의식으로 풀어낸다면 시인이 이 시집에서 말하고자 하는 한 개의 상자(시집)에 그 의미와 가치, 말하고자 하는 판도라의 의미를 담아내고자 의도하고 있다는 의미로 해석하는 데는 큰 무리가 없을 듯하다. 〈깨지기 쉬운〉 -수상한 가족의 6편은 모두가 인류가 빚어내는 문명적 가혹행위로 인해서 극심한 피해의식 생계 현장 생존의 위험수위를 징검다리 삼아 넘나드는 인간들과 환경파괴 등 질긴 생존의 본능을 다룬다고 할 수 있다. 어쩌면 시인이 부담을 덜 느끼기 위한 3인칭 시점에서 세계를 그리고 시를 전개하고 있다는 면 하나만을 놓고 볼 때도 결코 쉬운 작업은 아니라는 것을 알 수가 있게 된다.

 싫다, 얼굴이 잊혀지는 엄마가 보고 싶어
 싫다, 땡거미가 져도 오지 않을 아빠를 기다리는 것도

 (중략)

 결국 집으로 돌아오며 얻은 해답은
 내 스스로 나에게 상처를 내고 있다는 것
 학교 운동장에 홀로 선, 느티나무가 답을 주었다

 어느새 단단하게 옹이가 박힌 나는
 서녘 햇살에 키가 커 버린 내 그림자에게
 황금빛 날개가 돋기 시작한 것을 보았다
 -〈날아라, 날개를 펴고〉 - 수상한 가족6의 3연, 5연~6연

윌리엄 해즐넛은 에세이 〈왜 먼 것이 좋아 보이는가〉에서 말하기를 "우리는 난파선의 파편 같은 존재를 몽땅 끌어안고 표류하다가 욕망의 항구, 욕망의 안식처로 흘러 들어간다! 그리하여 우리가 애착하는 모든 것은 의도가 행동을 대신한다. 달갑지 않은 상황들이 누르는 압박이 제거되는 순간, 마음은 그 압박에 반동하여 탄성을 회

복한다. 바로 이 마음이 우리의 본질을 반영하며, 선의 형성과 재결합한다."

 이유야 어떻든 세계의 변화가 부정적, 비판적, 비난적, 불행적, 불온적, 암투적인 상황('내 스스로 나에게 상처를 내고 있다는 것')을 연출한다고 할지라도 건강한 의식의 소유자라면 궁극적인 목표가 재설정되고, 그 목표지점을 향한 에너지가 발동되어 새로운 연출이자 재생산의 의지가 상징으로 표출되고, 그 상징은 또 다른 세계로의 포문을 열어 주는 진리의 표상으로 증명된다는 확실성을 보장받게 되는 것이다. 또 다른 시를 감상해 보기로 하자.

길고 긴 여행 끝에
이곳에 당도하여 닻을 내리고
스스로를 가두는 햇빛의 형극荊棘
보잘것없는 누군가가
모퉁이에 웅크리고 앉아 있다

길은 꿈을 꾸고 있는 것일까
또 한 사람 귀와 눈을 막고
중얼거리며 지나가고 있다
떠 오르는 것은 어릴 적의 장난
꿈같이 사라졌던 빛나는 꽃들

이런 저런 생각의 덩굴이
담장을 타고 무성하게 번질 때
번져 더 이상 버티지 못할 때
납덩이 속에 갇힌 대낮

막다른 골목이 울음을 참다
-〈막다른 골목이 울음을 참다〉-저마다 꽃1의 3~5연

  납덩이 속에 갇힌 대낮을 마주하는 사람들이든, 막다른 골목을 껴안고 울음 우는 사람이든, 〈춤추는 레퍼〉-'네가 혼신으로 추는 몸짓/ 네가 토해 내는 뜨거운 노래는/ 허공에서 뛰고 구르고 달려가는 말들은/ 그러나 눈부신 햇살로 변하는 걸'. 〈깨진 거울〉-'그는 언제나 혼자였다', '제발, 이라는 말 한마디가 목구멍에 걸려 쓰러질 때'. 〈영원한 가출〉-'그녀에게 오지 않을 것만 같은 꿈같은 날들을/ 문득 처음으로 만나는 투명한 빛, 낯설었다'. 〈칩거〉-'마음속에 들어앉아/ 나오지 않는 사람/ 아득한 시공 안에서/ 자신을 잃은 사람' 등, 이 모두가 참된 세상을 이루기 위한, 이 세상의 병적인 요소들을 밝혀 고발하고 제대로 된 의미를 발설하고 알려야 할 책임을 등짐으로 짊어진 선구자라는 사실과 건강성을 잃은 이 시대의 구석구석을 환하게 밝히며 동시에 향그럽게 만들어 줄 저마다의 소중한 꽃임을 시인은 확신하면서 그렇게 호명되어야 한다고 극구 항거하는 투사와 같다. 간절하게 애원하는 이 지구상을 대표하는 애인의 절규처럼 들린다.

  그는 주인의 명령에 머리를 조아리며 반 평의 집에 얹혀사는 안락함과 달콤한 간식이 주는 행복에 점점 눈과 코와 귀를 잃어 갔다

  그의 입안이 복종으로 충만할수록
  조명은 점점 밝아지고

관객의 입안은 메말라 간다

자꾸 답답해요 숨이 막혀요 불안이 밀려와 복종
의 대가도 위안이 되지 못할 때 위장된 시간은 무너져 내렸
다 무엇이 두려운가 무엇을 갈망하는가 보이지 않는 사슬을
풀어 버리고 혁명의 무리를 찾아 나서자 밤하늘 별을 향해 컹
컹 소리를 질러 태고의 숲에 잠든 꿈을 깨운다

그는 빛나던 가면을 벗는다 자유로운 바람이 된다
-〈가면을 쓴 배우〉-'짐 진 자들의 노래'(12편)에서

여기서 우리가 생각해야 할 것과 인류에게 전하고자 하는 시인의 주요 인생철학의 요지가 이 단락('짐진자들의 노래'(12편)에 아주 잘 드러나 있다.

이미 인간이 피조물이라는 범주 안에서 일생을 맞이하기 위해서는 크고 작은 고뇌와 번뇌를 수반할 수밖에 없는 것이 작금의 현실이다. 특히 천민자본주의 막강한 힘으로서의 권력이 갑질의 논란을 끊임없이 자행하고 있는 터에, 인간의 연약함과 정체성은 맥없이 흐트러지고 넘어지고 소멸의 위기까지 직면하도록 압박하는 것이 오늘날의 현실이다. 오늘의 아군이 내일의 적이 될 수 있고, 오늘의 사랑이 내일의 증오로 쉬 변질되는, 오늘의 신뢰가 내일의 불신이 되고, 오늘의 은혜 입은 자가 내일의 원수로 둔갑하는 세상의 삶 속에서 그 누구 하나 짐 지움을 받지 않은 사람들이 있겠는가. 그들을 향한 동병상련의 중한 병을 시인은 놓치거나 외면하지 않고 고백하고 있다.

그들에게 시인은 〈저녁노을 그리워〉를 통하여 아들

들이 여전히 머물고 있는 지구라는 작은 그러나 혼란스럽기도 하고 이상 야릇하게 변해 버린 공간에서의 아들 세대와 이미 천국이란 광활한 우리 인간이 쉬 예측할 수 없는 공간에 계시는 어머니와의 짧은 대화('언덕에 올라 근심을 본다/ 어머니 어디에 계신가요' '흐린 뒷모습 남기시며/잘 있거라 잘 있거라') 속에서 위로와 희망을 발견케 하는 시로써 이 땅의 짐 진 자들의 수고를 대변하고, 그 뒤에 찾아올 저녁노을 창연한 세상을 희망의 선물로 약속하고 있음을 본다.

> 늦은 봄날
> 저물녘
> 뚝뚝 떨어지는
> 꽃잎들
>
> 잘살았노라
> 손짓하면서
> 꿈 같았노라
> 뒤돌아보며
> -〈지는 꽃잎〉 전문

이 시를 포함한 '빛나는 노을'의 부제를 지닌 작품들 9편은 모두가 인간이 피해 갈 수 없는 이별, 석별, 사별의 의미와 여정을 다룬 작품으로 분류하고 싶은 작품들이다. 여기서 세상이 혹은 세계의 탄생 이면의 죽음과 영원히 헤어질 수밖에 없는 인간들의 유한한 생애의 현상을 그대로 노출시키고 있음을 본다.

그래서일까? 처음 감상하게 되던 작품들에게서 발견하는 힘과 활력에 반하여 오히려 숙연해지는 삶을 그리고 세상만사 휘젓고 지나가는 풍랑과 같은 인간들의 원죄적 발산의 전모로서의 욕망과 탐욕이 빚어낸 인간의 온갖 가해 요소를 향한 증오가 일기도 한다.

이미 시인은 그 모든 원인과 결과물을 해탈하고 있는 눈치이지만 사실 여전히 그들과 등 맞대고 이성적, 감성적 갈등으로 인해 연속적으로 피해의식을 공감하고 있는 눈치다. 그래서 함께 고뇌하자면서 건강한 독자들을 향해서 손을 내밀고 있는 것이다. 힘겨울 때 너와 나 그리고 우리 모두 유한한 족속으로서의 삶을 살 수밖에 없지만, 그 삶이 그냥 노을이 아닌 빛나는 창연하고도 화려한 그리고 그리움과 소망 노래 한편 읊조리고 싶은 풍광을 연출하는 생애라는 희망의 노래를 합창하자고 권면하고 있는 것이다.

시는 하찮다
시의 세계는 쓸모가 없다
더구나 길게 쓰여진 시는 끔찍하다
무슨 할 말이 그렇게 많을까 벌써부터 냄새가 좋지 않다
문자의 경계를 넘어가야 하는 속제는
지난하다 그리고 피곤하다

(중략)

비록 허구이나 진리처럼 권태로운 시의 의식
그러한 복잡한 노동이 그대를 구원하지는 못한다
즉각적인 것의 신성한 위대함

사고를 거부하는 오감의 극치에
그대의 해마는 어쩔 줄을 모른다
신기한 보물들을 저장하기에 바쁘다

하지만 시여, 너의 명운을 겁내지는 마라
깊이를 알 수 없는 혼돈에서
경이롭게 떠 오르는 상징의 비밀은
멀리 검은 새 한 마리 어둠을 향하듯
사실 나의 눈길을 돌릴 수 없게 하는구나
결국 나는 너의 유전자를 받았기에
-〈유튜브의 경고〉-'문명의 얼굴3' 중에서 1연, 3연, 5연

지천으로 널린 채널이 하나 있다면 그것이 바로 유튜브이다. 검증되지 않는 매체이기는 하지만 그것으로 진실 유무와 관계없이 끊임없이 소통의 도구로 사용하고 있거나 밥벌이의 중요 수단으로 기능화 하는 사람들의 수효가 장난이 아니다. 그 이면에서 그로 인한 사건사고가 빈번하게 일어나는 것을 방치시켜 놓고 있다. 다시 말하면 그 말들이 내딛는 속력을 컨트롤 할 수 있는 사람이나 기능이 턱없이 부족하거나 전무하다는 증거이다. 한때 디지털이 고도로 바이러스화 될 때, 성급한 독자들이 생각 없이 남발濫發한 문장이 있다. 그것은 디지털 매체가 종이책을 능가하거나 압도적으로 추월하여 마치 종이책의 종말을 고하는 듯한 교만의 피치를 올리는 모습을 멀리서 가까이서 지켜만 보고 있는 것도 피곤하다.

이와 같은 혼탁한 시대에 분별력 없는 뭇 영혼들을 향하여 빌레 풀루서는 〈디지털시대의 글쓰기〉에서 문예 창

작의 중요성에 대해서 설명하고 있다.

"우리가 넓은 의미에서의 문예창작에 신세지고 있는 것-지각하고 체험하는 거의 모든 것-을 항상 의식하고 있는 것은 아니다. 문예창작 활동은 체험 모델의 산출 행위이다. 그리고 그러한 모델이 없다면 우리는 거의 아무것도 지각하지 못할 것이다. 우리는 무감각하게 되고-우리의 위축된 본능들에 의지한 채-보지도 듣지도 못하고 감정도 없이 비틀거려야만 할 것이다. 문예창작 작가는 우리의 지각기관이다. 우리는 문예창작 작가들에 의해서 우리에게 전달되어진 모델을 토대로 보고 듣고 맛보고 냄새맡는다. 세계는 우리에게 이러한 모델을 통해서 나타난다."

박종덕 시인은 이러한 불온한 인간들의 아우성을 뒤로하고 〈시인의 운명〉-문명의 얼굴4에서 다음과 같이 확신과 소망의 노래를 소리높여 외치고 있다. '언젠가 키보드는 모두 쓰레기통으로 버려지고/ 생각만으로 소통하는 별천지 세상이 오리니/ 의식의 자리는 그만 갓난 마음에게 내어 주고/ 무의식의 동굴을 파고들어 희대의 광물을 캐내야 하리/ 그것은 태초의 말씀이나 모습 없는 울림/ 들판의 이름 없는 풀꽃이 피고지는 이유 같은// 그대, 청정한 불립문자의 시인이여'

거친 들판의 한구석에서부터 서툰 문명의 밭이 일구어지고
오랜 사냥이 때로는 전쟁과 때로는 평화의 권력이 되었다
흥정하는 인간의 모습에 세계는 더욱더 달아올라
스스로를 감당할 수 없는 벼랑 끝으로 내몰리니 과거와 미래가 끊임없이 비틀리며 얼굴 없는 괴물이 되고 현재는 어디선가 길을 잃고 헤매는 타자^{他者}가 되었다

도대체 어디로 가고 있는가, 다시 묻기 시작하면서 질기게
달라붙어 스스로를 옥죄는 망상을 자각하면서

이제는 말한다 자신이 만든 세상은 허울 좋은 가짜라고
문명의 최면에 걸린 우리는 진실로 깨어나야 할 때
　밖으로 난 문을 걸어 잠그고 안으로 더욱 안으로
　다시 현재를 찾아서 과거와 미래를 탈출해야 해
　생멸 없는 영원한 현재로 돌아가는 것
　잃어버린 태초의 날 것을 그리워하며
　언어를 버리고 그때의 바람과 새떼를 찾는다
　의식의 고향을 찾아 나선 이것도 위대한 인간의 운명!
-〈위대한 탈출〉-'문명의 얼굴10'의 3, 4연

과연 21세기 오늘을 살아가는 인간들에게 '위대한 탈출'은 가능할까? 영화 혹성탈출의 이미지를 연상시킬 수는 없다고 하겠지만, 과연이란? 의문부호를 품고 살아갈 수밖에 없는 시대에 시인에게 주어진 사명 의식은 분명히 소중한 미션임에는 틀림없다. 그래서일까 페르난도 페소아는 그의 문학에세이 〈이명의 탄생〉에서 문학예술의 가치에 대하여 다음과 같이 강조하고 있다.

"문학예술의 본질적인 가치는 예술이 이 세상 인간의 행보에 단서가 되며, 인간들의 경험의 요약본이라는 데 있다. 게다가 예술은 감정에 의한 것이며, 감정이 유발하는 생각으로 인한 것이기 때문에, 누구보다도 실질적으로 이 땅 위에 살아가는 인간들과 그들의 생생한 경험은 객관적으로 사실을 기술한 연대기나 지배자들을 중심으로 기술된 역사책이 아닌 풍요로운 가정의 책으로 기록된다."

시인의 위대한 탈출을 기약하면서 또한 위대한 탈출의 결정적인 지점에서 아름답고 의식이 깨인 건강한 독자들과 작가들의 의미와 가치가 있는 총체적 연합이 절실한 시대가 바로 오늘이란 점을 잊지 않기를 바란다.

3. 시인과 시가 말하고자 한 그 화두의 성과와 성취를 기원하며

박종덕 시인의 첫 시집 『양털 깎는 남자가 우주를 사라지게 한 이유는 없다』 전체 작품을 감상하고 느끼는 것은 '정의', '관찰자', '재판관', '참된 예술인으로서의 투혼'을 연상케 했다. 이는 인간의 또는 인류에게 필요하다고 생각되어 창조된 것들이 모두 역행하는 조짐을 보이고 있다는 우려로부터 나온 시인의 직관적 결론에 해당되기 때문이다.

이미 우리가 피부로 느끼는 것은 절대 고독이다. 유일무이한 인격을 지닌 피조물로서의 가치가 점점 사라지거나 이미 상실되고 말았다. 그 허전하고도 불만 가득한 중심을 물질문명의 새로운 피사체나 AI의 허울을 쓴 형상들을 창조하고 그것들로 하여금 대리만족을 꾀하고 있는 것이다. 그러나 이들 앞에서 대안이 마련되지 않는 발전의 결과는 브레이크 파열된 초고속열차의 존재성을 낳고 그에 복종하려고 한다는 데 문제의 심각성이 있다.

그래서 시인은 가장 나중까지 시와 시인으로서와 인문주의자로서의 가치와 궁극적 발전에 사활을 걸어 보자는 것이다.

마사 누스바움은 『시적 정의』에서 휘트먼의 시문학관

을 인용하면서 시적 재판관의 시선이란 마치 햇빛과도 같이 세상의 존재들을 구석구석 살피고 감싸 안는 것이어야 한다고 설명한다. "시적 지혜(sapienza poetica)는 곧 인간 존재의 역사성을 두루 살필 줄 아는 인식을 말하며, 인간의 가치를 그 본래 의미에서부터 파악할 줄 아는 자각과도 같다. 이는 조르즈 아감벤이 말하는 '동시대인'의 모습을 연상시킨다. 시인(동시대인)은 자신의 시대에 시선을 고정해야 한다. 동시대인이란 자신의 시대에 시선을 고정함으로써 빛이 아니라 어둠을 자각하는 자이다. 모든 시대는 그 동시대성을 체험하는 자들에게는 어둡다. 따라서 동시대인이란 이 어둠을 볼 줄 아는 자, 펜을 현재의 암흑에 담그며 써내려 갈 수 있는 자이다. 휘트먼(미국 문학에서의 혁명적인 인물이 된 시인, 1819~1892)의 햇빛을 뛰어넘어, 어둠까지도 자각할 수 있는 재판관, 그리고 읽을 수 없는 것을 읽고, 볼 수 없는 것을 보는 시인, 이 둘이 하나가 될 때, 법은 인간의 얼굴을 갖게 될 것이다."

그런 의미에서 박종덕 시인은 이 첫 시집에서 충분히 시인(동시대인)으로서의 거룩한 사명을 충분히 감당하고 있다고 할 수 있다.

여태천은 『시적 정의와 시의 윤리』에서 시인에게 주어진 언어에 대해서 다음과 같이 설명하고 있다.

"시인은 단순한 도구로써의 언어를 부정한다. 왜냐하면 글쓰기 혹은 시 쓰기란, 언제나 보편적 의미망을 벗어나 언어의 외관을 뚫고 나아가는 하나의 기능이고 실험이기 때문이다. 기능이란 측면에서 글쓰기는 주체에게 윤리적 영역이 된다. 그러므로 글쓰기에는 주체의 삶과 유리

될 수 없는 윤리가 늘 개입한다. 윤리란 주체의 실천적 태도와 무관할 수 없다. 시와 진리의 윤리라는 주제를 섬세하게 다루기 위해서는 보편적 윤리가 지니는 도덕적 이데올로기와 관념적 장치를 벗겨내야 한다. 말하자면 인간의 권리, 타자에 대한 배려, 양심 동정 등의 추상적 개념을 설명하는 도덕(성)으로부터 벗어나, 윤리를 한 개인이 추구하고자 하는 진리로 이해할 필요가 있다."

이처럼 박종덕 시인의 이번 시집에서는 시인이 다루고자 하는 폭의 넓이와 깊이의 제한이 느껴지지 않을 만큼 심오하고도 입체적이다. 그 이면에 단순 진리를 찾아가는 독자들과의 숨은 대화의 시간을 긴급히 요청하고 있다고 할 수 있다. 21세기 인류가 심각할 정도로 병적인 현상에 직면해 있는 것이 크게 두세 가지로 집약시켜 설명할 수 있다.

첫째는 인간성 상실의 위기를 극복하기는커녕, 오히려 물질문명 사회로서의 이간질을 서슴지 않고 행하는 대안 없는 AI 등 디지털의 발전을 무제한급으로 급 상승 시키고 있다는 것이고, 둘째로는 인문학의 뿌리가 통째로 뽑혀나가 고사 직전에 직면해 있다는 것이다. 이는 한여름에 나무 그늘을 잃고 고열에 시달리다가 일사병으로 극한 위기를 당하거나 중심을 잃고 있다는 까닭이고, 그 문제의 심각성은 참과 거짓을 향한 주체가 모호한 상태에서 돈과 권력과 인기와 전략과 전술 등 무기를 지닌 자들이 정복하겠다는 야욕이 기승을 부리게 되는 현상을 낳는다는 것이다. 그리고 셋째로는 기후, 생태계의 파괴이다. 이는 인공적으로는 절대로 막을 수도, 생성시킬 수도 없는 천연자원의 순환과 자연성을 유지 발전시키는 비결밖에는 뚜렷한 대안이 없다는 것이다.

 이 문제를 박종덕 시인은 첫 시집에서 포괄적으로 심도 있게 다루고 있는 것이다. 그만큼 시인은 과학의 현장에서 지구의 혹은 인간을 농락하고 그로 인한 위기의식을 입체적으로 관찰 한 바 자신의 첫 시집에서 화두로 다루고 싶어 하는 눈치다.

 아마도 시인 자신이 시적 화두로 던져놓고도 부담을 많이 안게 될 것이다. 그것은 한두 해, 또는 한두 사람이 해결될 문제가 아니기 때문이며 동시에 이 직면한 문제성과 두려움에 공감하는 이들이 있는 반면, 반대 의사를 밝히면서 시비를 걸어오는 폭군들이 만만치 않게 정위치하고 노려보고 있기 때문이다.

 그럼에도 불구하고 박종덕 시인은 긍정적 정의와 궁극적 의식이 있는 독자들과 뜻을 같이하기 위해서 시인정신으로 갑옷을 차려입고 진군하려고 준비 중이다. 그럼으로써 시인인 거룩한 독행자로서의 진군 앞에 선 박종덕 시인에게 필자는 "파이팅!"을 외치면서 건투를 빌어마지 않는다.*